證明自己

彭政閔

PROVE MYSELF

彭政閔——著
簡政光——採訪撰文

序一　棒球之路，未完待續

彭政閔

很多時期都有人問我要不要出自傳（二〇〇八至二〇一三），我總覺得自己是個普通人，好像沒什麼可寫的，但這幾年來回憶起不少事情（可能是面臨引退的時機到了），有些經驗、有些趣味想分享給大家。

二〇一九年一月三十日是我宣布引退的日子，在這一天其實心情是滿複雜的。畢竟自己在球員生涯奮鬥了三十二年，感覺很幸運也很開心，卻也有點難過。幸運的是自己在這三十二年來經歷了許多重大比賽，跟許多知名球星一起努力和對決；開心的是能在這些重大比賽中表現自己的能力，以及獲得很多球迷朋友的支持與肯定；難過的則是以後再也沒有辦法體驗對決的那種刺激緊張的感覺了。但我的人生還在進行，或許還會有很多事情等待考驗，不過我還是會繼續努力，好好學習的。

在這些年的球員生涯裡，遇到了數十位教練，每個人都有自己的想法與風格，我也從他們身上學習到很多。人們常想遇見貴人，但何謂「貴人」，沒人有辦法知道。我總覺得在人生當中會遇到很多人，而這些人不一定都會對你好；或許遇到對你不好的人會覺得討厭，但只要讓自己想法變得更成熟，這些人也可能會是讓你成長的貴人。我棒球生涯的每個階段，大部分都是從最基層開始，很幸運地在這些階段中，碰到了許多人、事、物，讓我學習到很多東西。可能因為我父母親從小對我們的教育方式，就是什麼都可以嘗試看看；其實生活中有很多事情都可以讓你汲取到寶貴經驗，但最重要的是要學會判斷對錯。

這本書的內容其實就是我的人生目前為止的經歷，也是一些我印象比較深刻的回憶。或許還有很多事情曾經發生過，但現在已經記不太清楚了——我想，每個人應該都無法細數自己的人生吧！

接下來我將邁向人生新的階段，也要換個角度來看棒球。我一直都對很多事抱著不強求的心態，但過程中我一定會努力去爭取和學習；有時失敗，有時成功，這樣下次碰到相同的問題，自己才能在經驗中有所成長。

每個人都有故事，每個人都可以編寫自己的傳記！人生不管遇到什麼挫折或困難，只要不放棄，一定會有撥雲見日的一天，也希望大家能好好編寫屬於自己的故事。

序二　盡力而為，沒有極限

簡政光

大學就讀中文系時，曾經浮現過寫書的念頭，但萬萬沒想到在畢業二十年後落實了這件事，而且竟然是代筆寫恰恰的自傳。

回想我的職涯，確實和二代象緣分深刻，因為在成為記者前、擔任《棒球週報》執行製作，第一次出外景就是跟拍象隊活動。當時正值兄弟象第二次準備開啟黃金王朝的時期，所以常常因為節目製作需求，拍攝球員日常點滴，也就和二代象選手建立不錯的交情；二〇〇三年如願以償成為體育記者後，見證了二代象的三連霸。

而現在，二代象最後一位現役球員恰恰也要引退了。被恰恰和他的經紀公司點名代筆，壓力確實不小。面對這個艱鉅的任務，我思忖著：「或許上天自有安排吧？所以就算硬著頭皮接下挑戰，也要相信自己一定辦得到，盡善盡美地協助恰恰完成自傳，讓球迷可以珍藏他們心目中的一代球星。」

很感謝老天爺的恩澤，讓我自大學畢業以來，工作運一直都還滿平順的，並且能逐步完成自己每次設定的階段性目標；到每個單位都能遇到前輩的提攜，進而成長茁壯。這次的寫作，雖然不在規劃的人生清單中，但既然婉拒不了，再加上三月初第一次為了這本書和恰恰這位「獅子會」會長碰頭（關於「傳說中的獅子會」請詳見本書第八章），會長也當面請託。心想這表示他對我這個會員的信任吧？所以強迫自己轉念——盡力而為，沒有極限！

合作之初，恰恰唯一給的想法是「用第一人稱來撰寫」。或許是同為獅子座的性格，也可能都屬於不強出頭、凡事一步一腳印的人，所以透過採訪撰寫的過程，對於他的個性更加了解，也更加理解這些年他在場內外的想法轉變。確實很多時候就算自己想要活得單純簡單，但周遭人事物仍舊有可能給你複雜的考驗。這本自傳的寫作也是一樣，因為「兩隻大貓」從聊天對話到寫文審核，彼此還是會有些「貓毛」（ㄋㄧㄠ毛）的堅持，不過溝通上都算順利。

寫作初期，正值排球和網球賽事播報日夜顛倒的賽季，寫書又壓榨腦力，常覺得自己寫完這本自傳後可能會變成「白髮魔女」，但想起過去曾有前輩在我就讀在職碩士班時提點過「想辦法分身有術就能辦得到」，所以努力在平日播報工作和採訪撰稿中找到時間的平衡點。直到截稿日前的一個月，才暫停轉播通告，專心地在熱愛棒球的責任編輯張擎協助下，一鼓作氣地完成挑戰。

撰寫恰恰自傳的四個月，最謝謝親愛的家人幾乎每天都要聽我哇哇叫，但足球員出身的光爸，總是樂觀地開示，扮演心靈導師；文學造詣很棒的光媽，則是被我指名成為每篇故事的第一位讀者，提供建議；善解人意的光弟，在這段期間是美食小禮物供應商。就在家人和極少數知道我在寫恰恰自傳的朋友和前輩鼓勵支援下，終於可以在寫這篇序時吶喊：「哦耶，我還活著！」

最後，感謝恰恰的信任，讓我在見證了他職棒十九年的生涯後，與有榮焉地代筆撰寫《證明自己：彭政閔》。採訪中，覺得恰恰是個心存感激，對球迷的愛戴完全不吝於回饋的球員；他對於打過的比賽，有著超驚人的記憶力，也讓我再次回味了成為記者後第一個國外差旅——「二〇〇三年日本札幌亞錦賽」，在場邊攝影席見證了「又是高志綱」的感動瞬間；他所述說的細節也多能令人動容或發自內心莞爾一笑。所以我也選擇最近乎恰恰式的口吻，來傳達他真誠的意志給大家。

期待球迷朋友能夠透過一篇篇的小故事，去認識恰恰內心世界的一部分；並跟著書中的描述，一起走進時光隧道。相信有著棒球魂的大家，在一邊看書的同時，心裡也會響起一個小小的聲音，告訴自己——你怎能不愛棒球！

目次

第六章　是我兄弟象

那晚的家庭大會，
整個彭家長輩們體內的棒球魂好像突然甦醒……

Play Ball

前言

點燃家族棒球魂

大家都說：「彭政閔出身自棒球世家。」但老實說，我一直到小學四年級為止，根本不知道什麼是——棒球。

那時台灣還沒有職棒，只有在三級棒球隊打進世界級大賽時，才偶爾有電視轉播，而且因為時差關係，大部分比賽都在三更半夜進行，小孩子早早就被大人趕上床睡覺，所以「棒球」和九歲之前的我，互不相識！我甚至連球和球棒都沒看過，就算偶爾和隔壁鄰居用紙團和木棍在家門外打打撿撿，也純粹只是兩個小男孩的玩樂消遣。沒有大人告訴我，其實那個小遊戲就是最原始的「棒球」。

直到我在高雄樂群國小念到四年級，班導師得知附近的復興國小少棒隊正在各校招收棒球員，當時老師可能覺得彭政閔這小子太頑皮又力氣大，老是在教室破壞公物真難管教，倒不如送去球隊給教練管理，或許還能獲得正當發洩精力的管道。就這樣，當復興國小教練來到樂群挑選手時，老師便叫我去參加「入隊測試會」。我只記得測試的第一個項目是跑步，但是其他還測了什麼，我完全失憶；至於還有印象的部分，就是在測試會裡，並沒拿到球棒揮棒，也沒有戴上手套傳接球。所以那時候，我依舊不知道什麼是「棒球」。

小時候胖胖肉肉的我，本來就跑得慢，慢到連入隊的資格都沒有，當然也就沒通過測試。回到教室之後，老師見到我嚇了一跳：「你怎麼在這裡？」我毫不在乎地回答：「沒選上啊！」

老師一聽馬上又把我帶去找教練，拜託道：「彭政閔要去打棒球啦！他實在太皮了……」

儘管老師和教練談妥這筆「交易」，但還是得繳交「家長同意書」才行。

當晚，我帶著「交易合約」回家爭取爸媽同意，沒想到要不要轉學到復興加入棒球隊這件事，居然成為整個家族的大事！還記得，伯父們和我爸熱烈又開心地談論，感覺像是開了一場家庭大會，那時站在一旁的我才知道，原來家族長輩都很迷棒球，甚至連阿嬤好像都懂棒球是什麼。阿嬤後來還特地把我抱到她的椅子上，問我：「你想不想打棒球？」我說：「好！」阿嬤再次慎重地問：「你確定要打？」我肯定地回答：「對，我確定！」就這樣反覆問了三、四次，最後阿嬤對我說：

要打，就不能放棄！

長大後，已經打了幾年棒球的我才聽家人提起，原來阿公曾經在日本時代當過台中糖廠棒球隊的領隊兼教練，三伯年輕時也打過棒球，這才恍然大悟阿嬤當年似乎不大希望我加入球隊的原因。畢竟，阿嬤知道阿公他們打球很辛苦，而且在那個沒有職棒的年代，她也擔心打球會不會沒前途？所以在我小四那年，了解什麼是棒球的阿嬤，才會問我那麼多次「你確定要打棒球？」直到現在，阿嬤已經過世多年，但我始終記得家庭大會那晚她的叮嚀——不能放棄！

至於當年才九歲的我，為什麼會那麼堅定地向阿嬤表示「我要打棒球」？其實理由很單純，只不過是小朋友想要取悅大人而已。看著爸爸和伯父們熱烈討論，尤其是二伯和三伯高興得不得了，當下心想，如果選擇去打棒球，他們一定都會很歡喜，所以才這樣答覆阿嬤。那晚的家庭大會，整個彭家長輩們體內的棒球魂好像突然甦醒，不過那時，我依然不知道什麼是「棒球」。

向復興國小少棒隊報到之前，媽媽帶著我到住家附近的體育用品社，挑選教練交代的用具。在那裡，我第一次看到棒球

恰恰從沒忘記阿嬤的叮嚀：要打，就不能放棄！

手套，開心地想：「哇，原來手套長這樣，這個可以接球耶！」隨後，我挑中架上那個黑黝黝的黑鷹牌手套，花了我媽七、八百元。當時這個金額算是大手筆的支出，而我，也終於擁有了人生第一個棒球手套。對於那天挑選手套的過程、超級興奮的心情，以及媽媽陪我去買手套的記憶，直到現在還清晰地烙印在我的腦海裡。

裝備齊全後，我開始接受正規的棒球訓練，這才發現，打棒球真的好累……但是，我也從一步一腳印的學習中，慢慢開始體會什麼是棒球，以及棒球帶給我的喜悅。

而我心中屬於彭家人的熱血棒球魂，就這麼被點燃了！

雖然大家都覺得獅子座的人，天生就是王者、領導者，
不過我小時候大概只有調皮搗蛋可以排第一，
讀書、打球……甚至連身高都比不上別人。

1st inning

第一章　兒時記趣

白目破壞王

加入棒球隊以前的童年回憶，對我來說幾乎等於零，很多事情都是後來聽家人說起，才又慢慢找回記憶的拼圖。

小時候，我的家境算是很好，因為那時正值台灣經濟起飛，爸爸專門包工程建設案，非常地忙碌，通常只有晚餐時間才能看到他，吃完飯他又會出門應酬。家中大小事，包含教育我們四個小孩的重任，就都落在媽媽身上，我也常常因為太調皮，而被媽媽「教訓」。

在家裡排行老三的我，上有兩個姊姊，下面還有一位出生後就當我跟班、一路跟到職棒，還在同一隊打拚的「捧夠」（蘋果的台語發音）——彭政欣。我覺得姊姊和弟弟他們以前一定都很討厭我，因為我是長子，從小就比他們受寵，甚至爸爸的朋友送禮也只會送我，我玩兩三下玩膩了，才輪得到他們玩，所以我很臭屁、很頑皮，也有點白目。

不過，我媽寵歸寵，倒也望子成龍，所以在我小學中、低年級時，還送我去補習班學珠算和心算，甚至可能希望我「文靜」一點，還把我帶去學小提琴。我不懂為何當時姊姊和弟弟都學鋼琴，卻只有我不同，或許是媽媽看到某位藝人拉小提琴覺得很棒，就買回來帶我去學吧？對於小提琴的第一印象，覺得它長得像吉他，「彈」起來好像會很酷，但學不到三堂課，我就

恰媽與恰恰。

被送去打棒球，我的小提琴也就此沉睡在樓梯下的倉庫裡了。

兄弟姊妹中，我和二姊從小感情最好，可能因為我們長得最像。以前她同學來家裡找她，我正躺在客廳沙發上看電視，她同學一直對著我喊姊姊的名字，我才爬起來說：「我是她大弟！」所以我和二姊總是對外宣稱：「我們是差一歲的雙胞胎。」二、三年級時，我還曾兩度「拿」媽媽錢包裡的錢，帶二姊去雜貨店買零食、玩具，結果回來就挨揍！而且媽媽還跟爸爸「告狀」，但念在我是「初犯」，所以爸爸只是「警告」一下；不過隔天我馬上又故技重施，這次被老爸打了一頓。那是我第一次被爸爸揍，也是人生中唯一的一次，老爸還告誡我：「不告訴別人就偷偷拿走別人的東西，會被警察抓去。」從那之後我就不敢再犯了。

至於比我大三歲的大姊，我只記得我總是在和她吵架。吵架的原因早忘了，有時是因為她欺負二姊，有時是彼此搶玩具，或者是不小心把她的東西玩壞。國小一、二年級時，有次我和她吵架又打架，那次氣到離家出走，但就是在家門外走了一圈後，不知道要走去哪裡，最後只好還是走回家。不過因為出去晃了一段時間，害阿嬤好擔心，回家後就被阿嬤揍了一頓。

小我兩歲的捧夠也很皮，小時候我們曾在家裡偷偷把老爸珍藏在衣櫥裡的武士刀拿出來玩，學電視上的武俠劇一樣對

姊弟合影，由左至右為：恰恰、捧夠、二姊。

打，兩把刀碰撞後發出的「哐哐聲」，讓我們覺得自己像主角一樣超帥的。當時還不知道那麼做其實很危險，幸好沒把捧夠砍傷。和鄰居玩投打遊戲時，捧夠也都會跟著一起來；那時逢年過節，小朋友在街上還可以隨意放鞭炮，所以我們也都會和鄰居去放衝天炮、玩水鴛鴦。男生聚在一起就是很胡鬧，玩個水鴛鴦也要比大膽，點燃後丟出去還要撿起來反丟回去互炸一番，這個「儀式」一直進行到我打棒球後，小五、小六還在玩，但有一次，我還來不及把水鴛鴦丟出去，它就在我手上爆開了，炸傷手的結果，就是沒辦法丟球。

總之，小學時代的我，據說搗蛋到一個不行，在班上功課不算好，頑皮白目倒是數一數二，常把班導師搞得很頭痛。老師總是打電話到我家通知我媽：「彭政閔又破壞公物了，彭媽媽麻煩您過來學校一趟。」媽媽只好三不五時去學校「花錢消災」。

因為我好幾次把教室內的桌子踢破——不是有意的，應該是桌子抽屜旁邊的木板做得太薄吧；我記得明明都踢得很輕，但它就是會破掉。類似這樣的事件不少，所以我媽老是得來學校「賠錢」。那時一張桌子要價五百元，其實不便宜，所以為了那五百塊，回家就換我被媽媽「修理」！

儘管常常受處罰，但我還是皮得很，皮到中年級班導帶了我一年半之後，大概真的很想把我這個「問題學生」送走，因此就算我在棒球隊入隊測試會被淘汰了，導師還是不停去拜託復興少棒的教練收留我。後來教練可能覺得球員多多益善又何妨，這才開啟了我的棒球生涯。現在想想，或許中年級班導是我人生中第一位伯樂吧！要不是她硬要把我送走，也就不會有今天的「恰恰」了。

加入棒球隊之後的「忙碌生活」，也讓我累到沒有破壞公物的時間了。自此之後，我印象中的童年都在打棒球，也導致四年級以前的記憶實在少得可憐，腦中的海馬體大概只記得小時候的自己：很白目、愛鬧事、老挨打。

我是住校轉學生——恰恰

當年復興少棒隊除了到樂群招收選手，也去附近其他學校選才，像是李志傑、莊旻哲等人和我一樣都是轉學生。我們從五年級展開了集體住校的「同居生活」，也從那時候開始，「恰恰」這個綽號就和彭政閔畫上等號。

四年級下學期剛轉學時，曾有一段通勤的日子，因為學校離家更遠了，都得靠媽媽騎車接送；每天過著上午上課，中午以後到學校隔壁的勞工育樂中心練球的規律生活。不過，記得有一次放學，等到六點多，媽媽一直沒來，我只好自己走路回家。媽媽看見我踏進家門，才能想起：「唉呀，忘了還有一個兒子沒回來！」那時雖然走了十幾公里，但一路上還算熱鬧，只是車多了點，完全沒感到害怕。

五年級開學後，我和「同梯隊友」開始接受更正規的訓練，由於五點就要晨操，有時晚上八點到九點也有晚訓，所以教練便要求集體住宿以便管理。和大伙兒也認識近半個學期了，所以住校第一天並沒有特別想家，反而覺得很新鮮有趣。畢竟男孩子聚在一塊兒什麼都能玩，不用晚操時我們還會去踢足壘球。

當時的「宿舍」就在司令台正下方，擺了十來張上下鋪的床架，二十幾個小球員就塞在那裡「同居」。剛開始住校時，洗澡真的很不方便，都得到廁所的洗手台，用臉盆接水沖澡，直到六年級之後，學校才特地蓋了一間澡堂給我們使用，後來甚至還為球隊蓋了餐廳。

高年級的晚訓時間，大概就是和隊友一起搬網子「打T」。那時網架比較老舊，沒那麼安全，所以我的右手腕曾被網架旁的釘子割傷過，那道疤痕至今仍在。割傷當下其實很痛，血汩汩地流，但我從小忍痛功力一流，也沒去理會傷口，還繼續練打！

晚操結束後，家長都會送宵夜來學校，我們則是在前一天各自打電話回家「訂餐」。有一次很想吃夜市的牛排麵，但我媽沒買來，我任性地嚷著「不吃了」！還生氣地轉頭就走，媽媽

一堆臭男生的同居生活，反正就是這樣打打鬧鬧。

也沒叫住我。我一直記得這件事，覺得那時一定傷了媽媽的心；她打理家中大小事明明已經夠辛苦了，晚上還要特地騎車來送餐，而我卻用耍性子回報。往後每當想起這段回憶，都感到對媽媽的萬分虧欠。

不過爸媽為我準備的補藥和跌打損傷藥，我倒是都有乖乖準時服用。儘管小時候力量大，但我的支氣管不好，得過百日咳和鼻竇炎，很容易生病感冒，基本上就是個小藥罐子，宿舍床架和床架中間的溝槽，也排了一整排大大小小的藥瓶。但我的身體狀況隨著運動量與日俱增，明顯有所好轉。

自國小開始，我就和美和中學結下不解之緣，因為美和當時會安排很多「小助教」，到中部以南各個有棒球隊的小學協助訓練。在我五年級時，某次剛好輪到吳明聰學長來校擔任小老師，他為了要記得所有小球員的名字，就幫大家取綽號，輪到我的時候，他說我姓彭、特徵也和藝人「澎哥」滿像的，所以直接把「澎哥」的藝名「澎恰恰」當成我的綽號。後來教練覺得太拗口，就簡略喊「恰恰」，從此之後，「恰恰」就變成我的小名了。

至於志傑因為又黑又壯，所以外號叫「歐滴」（黑豬的台語發音），但他很討厭這個綽號。我有時會故意耍白目一直喊他「歐滴」，或他惹毛我時也會這麼叫他，但叫完後我就會挨揍，畢竟他那時塊頭比較高大，我實在打不

恰恰與又黑又壯的志傑（右）。恰恰在全國選拔賽上掛著「熊貓眼」出征。

贏。甚至在全國選拔賽前一天晚上，我和他吵架時，脫口而出罵了「歐滴」，然後就被打了！結果我本來一邊眼睛已經在接球時「中彈」，另一邊又挨他一拳變成「黑輪」，隔天只好帶著「熊貓眼」出征……

話說回來，一堆臭男生的同居生活，反正就是這樣打打鬧鬧。當時也不知從哪來的迷信，只要比賽連勝贏球，球褲就連穿好幾天不洗。這個習慣直到剛進職棒，我還是維持著；還好黃色髒了不明顯，但我想隊友一定曾被熏到不敢呼吸吧！

曾經，我最討厭跑步了

小時候，我很討厭跑步，不管是國小體育課測驗五十公尺或折返跑……舉凡和「跑」有關的運動，我都不在行。

但加入棒球隊前的「入隊測試會」，第一項竟然就是檢測跑步速度！我那時跑得超級慢，再加上教練原本只準備在樂群招收二十位球員，所以導致我差點被棒球隊拒收。

對於跑步的記憶，實在都不大好。入隊第一天，馬上迎來體能大考驗，教練對著五、六十位小菜鳥宣布：「一百公尺跑十趟，中間穿插伏地挺身十下，總共做一百個伏地挺身！」我聽了差點崩潰。但一想到阿嬤說不能放棄，所以也不知打哪來的傻勁，就繼續堅持下去，沒離開球隊。

加入棒球隊後，因為運動量變大，原本肉肉的我竟然瘦身成功，但身高卻沒有多大的起色，跑步成績也依舊是全隊墊底，而我完全不以為意。以前算是滿皮的，只有爸爸來看我練球時，才會努力跑在前面，因為我知道如果沒跑在領先群，回去肯定會被他罵，但只要爸爸不在場，我就是跑最後一名。

國小畢業後進入屏東的美和中學，因為距離遠，爸爸那時工作變得越來越忙，而我又得住校，所以他沒空來「關切」，我也就「理所當然」地又開始不要求自己了。那時我和同樣來自復興少棒的同學黃振勝，總是包辦全隊跑最慢的前兩名，不管是一百公尺衝刺、野

加入棒球隊後，原本肉肉的恰恰竟然瘦身成功，但身高卻沒有多大的起色。

跑、路跑或者是跑操場，我們都是最慢的。

一直到了國二，看著一起進美和的小學同學，像是李志傑和周森毅，都已經可以代表學校出去比賽了，我卻還在撿球當「球僮」，這才開始反思自己為什麼和他們差那麼多？也終於正視自己不只身高不夠、力量不足，連跑步都比他們慢，難怪在球隊中，連「練習生」都算不上。

那時小腦袋瓜盤算著，身高可能天生的沒辦法，速度則可以靠後天訓練來提升，因此私底下請益鄭百勝教練，是不是有「加速」的方法？畢竟鄭教練受到我爸請託，從我國小五年級就開始抽空做一對一的指導，對我的狀況十分了解。

他要我試著練習衝刺，而且每天跑十趟以上。為了追上同學們的腳步，我不再偷懶，努力地讓自己跑起來，慢慢跑出了成效。就這樣堅持不懈地練習，不僅跑出了速度，身高也開始有所進展，而我，從此再也不討厭跑步了！

只想和別人一樣

雖然大家都覺得獅子座的人，天生就是王者、領導者，不過我小時候大概只有調皮搗蛋可以排第一，讀書、打球……甚至連身高都比不上別人。其實我沒想過一定要比別人強，至少對我來說，並沒想要以成為第一的形式去和別人比較。如果覺得自己有什麼地方不如人，當下只會萌生一個念頭：

我想和別人一樣！

還沒轉學前，我的身高在班上並不算矮，但轉到復興加入少棒隊後，才發現自己真的不夠高。打了兩年半的棒球，到國小畢業時也才一百四十八公分，而那時周森毅和李志傑都長到一百六十公分左右了。之後加入美和中學棒球隊，國、高中部六個年級，總共一百多個球員中，我的身高排行全隊倒數第三名。

當時國、高中兩支隊伍，到了二年級以上會分成A、B兩隊去比賽，而大部分的一年級生，和跟不上的二年級生，只能在場邊幫忙撿球、割草兼打雜，算是大家口中沒人要的C隊。像志傑從小身材好、力量大、能力佳，一進國中馬上就可以「直升」到B隊，國二之後，他繼續「跳級」到A隊，並且擔任先發球員；森毅在國二時也「沒被留級」進到B隊。只有我，不只矮又跑得慢，連高國慶他們那批下一屆新生進學校後，都跑得比我快，長得還比我高。所以一直到國二，我還是只能待在C隊，連出去比賽的機會都沒有。其實我真的好想和他們一樣，可以在比賽時上場，而不是只負責撿球。

我和志傑、森毅從國小就同隊，家長們彼此都認識很久，這也導致我那好勝心超強的老爸，覺得自己的小孩怎麼能差別人那麼多、怎麼都沒機會上場比賽？所以老爸除了一直盯著我的狀況，甚至為了讓我的身高追上別人，帶我去屏東找郭茂隆醫師針灸腳底板；我媽也常常燉補藥給我和弟弟喝。總之，什麼方式都試過，就是希望我先在「外型」上趕快「轉大人」。

我到那時才感受到家人的心急，再加上突然發現自己怎麼差了同學一大截，這才開始想要變高大、跑得快，最重要的是：「教練，我好想打棒球……比賽！」鄭百勝教練清楚「少年恰恰的煩惱」，因此叮嚀要我自己加強，包括：衝刺、青蛙跳等訓練，藉以增快跑步的速度，我也乖乖去做了。後來想想，也可能因為這些訓練有刺激到腳底的深層板，之後就慢慢長高了。

在家人長輩和前輩們的「努力」下，我在國二那年，身高達到了一百五十公分；升上國三時，差不多有到一百六十公分以上，跑步速度也進步很多，不過在團隊中仍舊不算特別快，可是因為我很喜歡在比賽時觀察對方投手的動作，會自己試著抓盜壘的時機，而且起跑時間點抓得不錯，所以我的盜壘次數反倒比其他隊上快腿來得多。而鄭教練私下的「打擊教學」，也讓我的力量慢慢培養出來，所以終於在國三時，我「跳級」進A隊了！雖然到A隊，對具有一般實力的國三生來講是很正常的事，但對我而言則有不同的意義，畢竟在此之前，我都是C隊打雜的第一人選。

我自己在國三那段期間也算滿乖的，而且又刻苦耐勞，隊友休息放假，我都會坐公車從學校到郭醫師那邊針灸。長大之後才聽我媽說，我小時候在家來不及把補藥喝完，還會帶回學校喝光光，但我弟則會把藥偷偷倒掉。我想那時自己這麼認分勤快，大概就是想要快點「和別人一樣」。

國三下學期，以A隊先發身分打全國大賽時，我的身高已經抽高到一百七十二公分。不只身材追上同學，速度上也可以跑到「前段班」，技術層面更開始和同學接近。重點是：我能出去打比賽，終於不用「只『想』和別人一樣」，因為，我已經可以「和別人一樣了」！

人生第一場比賽及第一次出國

國小五年級時，我終於有機會在正式比賽中亮相，我穿著高雄復興國小少棒隊的球衣，扛著球棒站上了屏東棒球場的打擊區。

小四那年要不要轉學加入棒球隊，既然都成為全家族的大事，可想而知，我人生的第一場比賽、那場全國性的軟式少棒賽，彭家長輩也就動員起來，所以我爸爸和三伯特地跑來屏東為我加油。

當時的對手是台中市成功國小少棒隊。我忘了在那場比賽有沒有先發出賽，但我記得上場打了兩個打席，其中一球越過投手丘後落地形成高彈跳。當下只知道把球打出去，就是照著教練平常教的——跑，就對了！——拚命衝上一壘，人生首戰就敲出首安。其實那時並沒有後來打職棒揮出首安後的亢奮心情，反倒沒什麼特別的觸動。不過我想，那天在場邊的爸爸，肯定比我還開心！

後來才聽老爸提起，在比賽開打前，三伯興奮地說：「欸，成功國小耶！那是我母校的棒球隊！」民國二十九年次的三伯，在日本時代的背景下，進入成功國小就讀時也加入了棒球隊。他們那時打球都打赤腳，手上戴的則是用了很久變得破破爛爛、一代一代交接傳承下來的手套。

自從加入棒球隊，爸爸始終非常支持我，後來在我五年級差點被球隊淘汰時，他花更多時間來關注我的練習狀況，只要工作有空檔，就會來看我練球或比賽。進入美和之後，我一直無法成為「正規軍」，但在國二那年，我有了第一次出國的機會，他和媽媽二話不說掏出了一、兩萬元，讓我「自費」跟著隊友飛去日本。那次的「校外教學」行程，讓我首度見識到了宏偉的東京巨蛋。

那時由於李瑞麟教練的關係，美和和職棒時報鷹隊有著緊密連結，所以「正規軍」十八人的費用都是由時報鷹出資。不過，那次的日本邀請賽，一支球隊可以報名二十五位選手，成員以國三為主，再加上幾位國二主力；我則是「後補」七人的其中之一，得自行繳交部分費用才能成行。

我記得第一次踏入東京巨蛋，是從觀眾席出入口進去的，因為那裡美得像一幅畫，所以在完全不知道那是入口的情況下，就已經不知不覺進到巨蛋內。

國小五年級時，恰恰終於有機會在正式比賽中亮相，親友團也在場邊熱情應援！

在看台放眼望向外野，覺得這裡好大！再往下看到場內綠油油的人工草皮，我不禁想：「這球場也太漂亮了吧！」

可惜當時我連上場比賽的機會都沒有。印象中我和陳峰民分別擔任一、三壘跑壘指導員，當時純粹覺得可以出國，好好玩喔！就算沒能比賽，只當跑壘指導員，好像也沒有覺得不開心，反正就是乖乖聽教練的話，從旁學習別人如何跑壘、觀察對方的傳接球……以後才能在自己跑壘時加以運用。

那次的邀請賽，我們一路晉

第一次進入東京巨蛋，踏上場內綠油油的人工草皮。

級到冠軍戰，我記得對手是來自關西的學校，蔡士勤在那場比賽打出全壘打，李志傑也把球扛向全壘打牆，形成一支中牆的深遠二壘安打。隔天，日本體育報頭版大幅報導他們驚人的臂力，因為來自台灣的國中生，竟然在東京巨蛋裡打出「紅不讓」。

儘管看不懂報紙的內容，但看到士勤和志傑的照片登在報上，讓我覺得他們好厲害，內心也開始有點羨慕志傑可以上去先發。畢竟我們從國小就開始同隊，他從小就很壯很有力量，所以從看到報紙的那天起，我就向自己許諾：「總有一天，我也要和他們一樣。」

直到二〇〇九年入選經典賽中華隊，我才有機會第二次造訪東京巨蛋。這次舊地重遊，我終於以先發的身分站上打擊區。望著外野全壘打牆，我總算可以告訴自己：「我也做到了。原來，站在這裡比賽的感覺，是這麼地美好！」

我自始至終沒有想過要放棄。
或許是家庭大會那晚，阿嬤叮嚀「要打，就不能放棄」這句話，
已然深深扎根在我的潛意識裡吧！

2nd inning

第二章 叛逆期不叛逆

美和的學長學弟制

「北華興、南美和」是過去球界對兩大中學傳統強權的敬稱，這也是我和家人討論過後，最終選擇去美和的原因。雖然我國小畢業後，高雄在地的五福國中棒球隊已經成軍一年，可是相較之下，當時美和是名校，自己如果可以成為美和的一員，感覺好像就會被貼上厲害選手的標籤。因此，有機會去美和，就算離家再遠，我還是願意在家人和教練的安排下，去屏東當一位「遊子」。

過去接受媒體採訪時，曾經有記者問我：「怎麼你們美和畢業的，好像都有講不完的故事？」沒錯！對我來說，在美和六年的生活也是酸甜苦辣樣樣有，畢竟美和「老一輩」都非常注重學長學弟制，學長們交代的合理訓練肯定有，但不合理的「要求」也不會少。尤其是國一、國二時，常常得面對學長無厘頭的「捉弄」，像是「打脖子」從頭麻到腳的感覺，或者是「撐地」撐到手麻發抖，到現在還記憶猶新。我當時甚至還被罰過「裸奔」！

由於美和真的太偏僻，在那個年代，學校周遭竟連一盞路燈都沒有，再加上住宿集中管理，更別提有什麼娛樂活動，以致學長們的生活樂趣之一就是「鬧學弟」。但學長也不會胡亂處罰，在罰學弟前一定都會有看似「合理」的理由，有可能是衣服沒洗乾淨、搬器材時動作太慢，抑或規定由棒球隊打掃的區域沒掃乾淨……只要學弟沒把這些事做好，都有可能遭殃，「裸奔事件」就是這麼來的。

裸奔懲罰，除了全身光溜溜跑美和校園四百公尺，看誰跑第一名之外，也有面朝下頂著球棒轉圈圈後再向前跑，看誰跑得快。印象最深刻的則是被罰「多爾滾」（當時綜藝節目的一個單元）。學校球場旁有椰子樹，樹下有烤肉台，被罰「多爾滾」的人，得一絲不掛地滾到炊事區那兒，用木炭把臉和全身塗黑後再滾回來。其實滾的過程滿痛的，因為會被一些吸血蟲咬，滾完後全身會腫成一塊一塊像過敏。

學長認為的「合理訓練」，還包括——試膽大會！國一時，有次學長們在晚操時間說要訓練我們的膽量，就把我們這些一年級菜鳥帶到當時美和護專的某間解剖教室。教室裡的陳列架上，有被裝在玻璃罐、泡在福馬林裡面的嬰兒標本，還有一些要研究解剖的動物屍體。夜晚黑漆漆的教室加上陰森森的氛圍，實在是很像置身在鬼屋。學長要求我們逐一通過解剖室的通道，走過的當下真是心驚膽跳到腳底發麻。也曾在暑訓農曆七月期間，大家正在放暑假，校園管理比較沒那麼嚴格時，把我們帶到修建中的校舍廁所，再將我們一人關一間，學長則是在外面講鬼故事……。類似像這樣合理化下的捉弄，真的是不勝枚舉。

所以，在美和國一、國二的生活彷彿在地獄一樣，全隊規定五點晨操、六點吃飯、七點早自習、八點上課、下午練球。但作為學弟，晚上十點宿舍熄燈還不能就寢，得拖著疲憊的身心去學長寢室，幫他們按摩到一、兩點，然後再去洗好大家的衣服，才能上床睡覺，隔天五點又開始「輪迴」，所以國一時上課都在打瞌睡。很多人常會這麼問：「為什麼國內運動員都不讀書？」我只能無奈地回答：「拜託，我也想好好上課啊！可是過這種生活，是要怎麼讀書嘛？」

大家可能會好奇，那些職棒和我同隊、也來自美和的學長們，學生時代是什麼樣子？我國

國一時的恰恰和學長倪國展（中）、蕭任汶（右）。（蕭任汶提供）

一的時候，高二的陳瑞昌是不大理我們這些小鬼，但他國三的弟弟陳瑞振，當時擔任國中部隊長，高中學長們有事要「處理」，第一個一定先找他，所以身為國中隊長只好再往下要求低年級的我們。陳懷山每天都在做自己的事，而「肉蕭」蕭任汶雖然愛玩，但不會亂操學弟，除非太調皮惹毛他才會被修理。「老邦」馮勝賢是比較嚴格地要求訓練、操體能的學長，但不屬於會捉弄人的那群；他自我要求高，所以體能也非常好！

至於在地獄時期的國一、國

美和就像個「傳統大家庭」，球隊成員彼此之間連結緊密。

二，我和哪位學長感情最好？我想應該是同屬沒人要的C隊成員——「脫仔」林明憲。脫仔大我一屆，一直到我國二時，兩個人都快被球隊放棄，只能幫大家撿球，所以有「相依為命」的情感。我們平常還得一起當消防員或負責割草，因為學校室內打擊區後面的垃圾場，只要有人燒垃圾造成煙霧瀰漫，教練就會叫我們兩個去滅火；球場草長太長時，他得拿割草直升機剪草，我在一旁幫忙倒油，到他國三「升等」使用坐式割草機，那時則換我拿直升機，再由國一學弟負責倒油。一起經歷許多同甘共苦的生活，使我和脫仔在中學時期的連結很深。

不過，美和其實也像個「傳統大家庭」，一個小孩做錯事，所有小孩都要共同被處罰，一起記住犯下的錯誤。像從屏東球場跑回美和，長達十六公里的距離，我跑過兩次，一次是國二還在當「球僮」時，因為國三學長輸球，所以我們被連坐處分，不能坐校車回去；第二次則是高一時，參加比賽的依舊不是我，但其他隊友在那裡輸給屏東中學青棒隊，教練希望我們學會一同承擔輸球責任，就要求大家一塊兒跑回美和。

直到我高二下學期，由於張泰山他們那批高三學長，在野跑時抄近路被教練抓到，影響紀律遭到退隊處分，我才提早擔任隊長。我不喜歡捉弄學弟，平常也對他們很好，只會叮嚀他們盡好本分。例如我高三時，「沈仔」沈鈺傑國三，他們洗完衣服會把我的先穿走，彷彿我完全沒有威嚴似的。不過如果犯錯，我還是會很嚴厲，尤其對「自己人」更加要求，這樣才不會讓別人在背地裡說三道四。

如果問我，低年級時為什麼沒有「逃隊」？我只能說，學生時期還滿傻的，就是過一天算一天，一心只想把教練和學長交付的工作做好。我從不覺得學長的要求不合理，只會認為自己該做的沒做好才會被處罰；就算被罰裸奔，也不曾反抗。不逃隊的理由，更或許是因為美和「太鄉下」，一天才三、四班公車經過，如果想「落跑」還沒車可搭，只能走很遠很遠的路，所以腦中從來沒有閃過一絲想要逃走的念頭。

不想被放棄

從復興國小少棒隊的「入隊測試會」，一直到進入美和中學的青少棒隊，我始終是快被淘汰的邊緣人。即便到了國三時，我的身高、力量和速度都有所提升，也晉級到國中部的A隊，但長到一百六十公分出頭了，身材還是不夠好，於是我又遊走在「被放棄」的邊緣了。

當時，李瑞麟老師雖然已經擔任時報鷹職棒隊的總教練，不過仍算是美和棒球隊運作的顧問；在他的協助下，美和獲得很多資源，但享有資源的同時，球隊必須得打出成績。因此，李老師在現實面的考量下，一度想要放棄我們這批比較矮小、又沒什麼表現機會的國三選手，改把身材高大的國二球員拉上來作為A隊主體，再從我們這屆挑幾位補進去，評估這樣出去比賽勝算比較大。

李老師把這個想法告知指導教練王恩鵬，但王老師認為不要那麼早放棄，並且希望至少讓我們打到春季聯賽再來做決定。最後兩位老師達成協議，只要我們在那場全國性大賽沒有打進八強，就要執行「放棄計畫」；而我是某次放假回家，才聽爸爸提起這件事，因為王老師並沒有在練球時直接布達這個重大消息。我想他那時可能故意只和家長提「放棄計畫」，一方面是不希望讓選手受他的壓力影響；另一方面或許是認為，由家長來鼓勵我們，會達到比較好的效果。

我們這屆共二十位球員，被選進A隊的大約十二人，其中打過國中級正式比賽的則不到五位。之後王老師開始嚴格地操練我們，每次校內分組對抗，他就親自擔任裁判，在本壘後方觀察我們的狀況。只要出現不該犯的失誤，不只「肇事者」遭殃，分在同一邊的隊友也全都會連坐處分。

記得有一次輪到我隊守備，結果鎮守右外野的隊友沒正確判斷飛球落點，只好跳起來以萬歲的姿勢接球，整個人還向後翻倒。王老師立刻把那位同學叫回內野，並在投手丘和二壘中間，狠狠地「教訓」一番後，再叫他爬回去原本的守備位置。我那時守二壘，對於那條從我前方延伸到左後方、像棒球縫線般的紅土爬痕印象深刻。在那個半局結束後，所有守備球員也都被處罰。

在那個體罰並不算什麼的年代，家長們都認同教練的做法，因為他們知道唯有經過嚴苛的磨練，小孩才會變得更強。我和隊友們面對辛苦的練球過程，盡皆咬牙努力苦撐，或許是聽到「可能會被放棄」的提醒後，好想出去比賽的我們，大概也都有了「不想被放棄」的心情，再苦都要拚了！

終於，春季聯賽到來了。這是我國中參加的第一場比賽，怎料，在攸關我會不會被放棄的重要戰役中，第一場就碰上超強的台南市復興國中青少棒隊。復興陣中和我同屆的選手，有小學就出國打過威廉波特少棒賽的陳金鋒，還有國小畢業就有一百七十八公分高的宋肇基。看到籤表當下，我惴惴不安地想：「完蛋了！他們很強耶！他們國一時，就打敗我的學長泰山他們，這是要怎麼贏？」

結果我們在那場比賽攻勢串連，我還從宋肇基手上敲了兩支安打，最後球隊以二比〇獲勝，讓所有人都嚇了一大跳！我們這支本來要被放棄的隊伍，竟然在新生公園的春季聯賽旗開得勝，而且不只打進八強，最終還以第四名作收。光榮返校後，李瑞麟老師帶著欣慰的語氣勉勵道：「好啦，他們意志力滿好的，就讓他們繼續打吧！」

我們那屆後來還打進全國大賽決賽，以敗給台北華興中學的成績得到第二名。雖然輸球，但我也首度當選國手，獲得去巴西參與IBA青少棒錦標賽的機會。現在想想，還好當時和隊友們都有「不想被放棄」的共識，也感謝王恩鵬老師當時沒有放棄我們。

《全國硬式青少棒賽》

彭政閔勝利打點 宋肇基完封建興

美和敗部復活登王座

記者 方正東／報導

●「超級投手」宋肇基掛帥主投，彭政閔三局下的適時安打，為美和隊打下了勝利江山，屏東美和隊繼前天擊敗勝部冠軍南市建興隊敗部復活後，昨天又在冠軍加賽中以3：0力克建興隊，登上今年全國硬式青少棒賽冠軍寶座，建興隊亞軍。

宋肇基賽前就對自己充滿了信心，因為他的近狀實在太好了，他說此役「自己一定會贏」，果然他的直球球速夠快，下墜球的變化弧度又大，球路威力夠強，令建興隊打者幾乎一籌莫展，宋

隔場限制無法上場投球，但整體的守備表現仍相當精彩，尤其游擊手陳耀銘更是隊中的靈魂人物，前兩局美和隊都有得分機會，但都被陳耀銘居中策應以雙殺化解危機，令投手王崑安減少了許多壓力。

但三局下美和隊陳榮造獲四壞球保送，再靠隊友的犧牲觸擊和高飛球接殺佔上三壘，接著一棒彭政閔的適時安打，陳榮造回本壘攻下一分，令美和隊全隊士氣大振，宋肇基四局上連續三振建興三名打者即是明證。

六局下王崑安已無法封鎖美和隊的攻勢，田顯明、周森毅連續

恰恰曾在青少棒聯賽中從宋肇基手中敲出安打，幫助球隊獲得冠軍。家人也留下當年的剪報。

沒有想過要放棄

我在三級棒球時期的成長過程，可以說既坎坷又辛苦，除了不斷面對隨時會被淘汰的危機，還得接受那個時代背景下，教練們軍事化的訓練，以及學長們各種無厘頭的要求。若問我為什麼沒有因此「落跑」？我其實也說不出個所以然，但確實，我自始至終沒有想過要放棄。或許是家庭大會那晚，阿嬤叮嚀「要打，就不能放棄」這句話，已然深深扎根在我的潛意識裡吧！

剛進入復興少棒時，光我們這個年級總共就有五、六十個人，但很多同學受不了嚴格的訓練選擇半途而廢，有人甚至撐不到一星期就自行退隊了。我雖然沒被「嚇跑」，但五年級時，可能因為跑得比較慢、體力也沒那麼好、對棒球又一知半解，所以並沒有表現得非常出色，以致教練計畫縮編人員時，把我列入了淘汰名單中，這也引發了我爸的關注。

其實那幾年爸爸的事業正值巔峰，生活重心都在工作上，我甚至連週末回家都很少見到他。但就在我逼近被球隊淘汰的邊緣時，爸爸開始會去球場看我練球、比賽，也買了很多器材和球具給我使用，就連放假回家也不放過我。除了開口閉口都是「棒球經」，他還會拉著伯伯一起教我打擊和守備，就是不希望自己的兒子輸給別人。

記得有一次，白天練球已經超累，晚上伯伯還一直講應該要怎麼打球的事，然後，爸爸發現我怎麼頻頻點頭卻沒回話，這才發現我在打瞌睡。他馬上生氣責備：「你明天開始不要打球了，阿伯和你講話都沒在聽，都要被淘汰了還『度估』（打瞌睡的台語發音），我明天就把球具統統拿去送給你同學！」那時我委屈地哭了，心裡嘀咕著：「我真的很想睡嘛！」

隔天早上要回學校，老爸堅持不讓我去練習，是伯伯和媽媽去說情，爸爸才嚴厲地告誡我：「真的要打，就不能再這樣，要下定決心，要自己想要練，如果像你這樣，要打又不打的態度，這樣不行！」從那天開始，我第一次發自內心覺得，自己一定要認真打球。

有著棒球魂的爸爸，後來請求我的國小教練王明仁老師居中介紹，認識了當時還在台電棒球隊擔任選手的鄭百勝教練和呂文生教練，並且請託他們教我打棒球。因此，從五年級開始，兩位教練會趁我休假時，帶我出去加強練習，我也慢慢開始喜歡上這項運動，並且享受每次進步過程中所帶來的成就感。

可能就是因為這樣，加上當時年紀小，比較聽爸爸的話，他叫我去做什麼，我就會去做，幾乎很少反抗他，所以就算後來國、高中，在學校面對再多不合理的對待，甚至是現在年輕選手完全無法想像的懲罰，我都沒有想過要放棄。

或許，回去面對爸爸的失望，比起接受球隊裡辛苦嚴格的要求，還要更來得可怕吧？

開始有了自主訓練的意識

國二，是我棒球生涯非常重要的轉捩點。那年突然發現自己的身材和技術既不如「同梯」，連學弟都比不上，甚至弱到無法把球直接打到外野草皮，這才希望自己應該更精進，並燃起了好勝心，也開始有了身為棒球員的自覺。

來到美和的第一年，教練要求就算不是左撇子也都要練左打；從第二年開始，慣用右手的人才能再當回右打者。我原以為自己是學左打的關係，所以始終只能打出內野滾地球，想說國二改回慣用手後就可以把球打到外野去，但直到二年級才驚覺：「天啊！自己連右打都不出色，球還是出不去，也差別人太多了吧！」

尤其那年的一次隊內測試，我的術科成績竟然全隊墊底，自己當然深受刺激。其實，當時測試的主要目的是由於學費全免的名額有限，所以得讓球員分出個高下。正常來說，我應該要繳交全額費用，但正好考試前，我爸才在球隊經費不足的情況下，贊助了好幾十萬，幫國、高中部的球網全部換新。教練們最後還是讓我免繳學費，不過同時也把我「跟不上」的狀況告訴我爸。而我自己也因為最後一名的關係，有了想要變好的「覺悟」。

為了讓我跟上「同梯」，不要再繼續留在C隊打雜撿球，家人除了想盡辦法帶我看名醫、吃補藥，讓我的身材先有起色；另一方面，不管是我自己還是爸爸，都不斷地私下請教鄭百勝教練，希望能夠找到變強的方法。鄭教練當時可能有感受到我的企圖心，無私傳授了一些方式；他教多少我就努力吸收多少，甚至嘗試做到更多，所以贏得他願意一直傾囊相授！

首先，他要我練衝刺和蛙跳來增快速度，我就趁著別人練完球或吃完晚飯後的休息時間自我加強；另外，教練還修正了我的揮棒動作，並且告訴我選球的重要性，要求我在打擊練習時也要養成看到好球再揮棒的習慣。他指點的是瞬間判斷好球帶在哪裡後再去揮擊的能力，是一種用身體記憶以及視覺反應的訓練；他認為看久了就會知道自己的好球帶，以及可以攻擊出棒的擊球點在哪裡。儘管在我還沒長高前，仍舊無法把球打出內野，但我還是堅信他的教導，全力以赴照著練習。

那時突然想到，以前國小常常看到來家裡拜訪的鄭教練，就算正在聊天，他也會一邊拿著啞鈴鍛鍊自己；呂文生教練則是空手拿顆球，反覆地將之彈地再接起。我想，這就是所謂的「自主訓練」吧！小時候不懂他們為何要這樣一直做重複的動作，經過爸爸的解釋才知道，原來教練們為了讓自己進步，連休息時都絲毫不敢鬆懈，藉以維持良好的肌力和手感。只是小學的我對這些根本不以為意，直到國二才赫然意識到，想變強就必須效法教練們的精神。

通常球隊會在中午十二點放飯，所以午餐過後一直到下午一點半「正規軍」練球之前，我們C隊就做「自主練習」，不然等A、B兩隊開始練球後，我們只有撿球的分兒。C隊成員會在午休時互相餵球做投打練習，我就在那時進行鄭教練交代的「功課」；放假回家後也沒懈怠，晚上會在家門旁揮棒上百次。我爸還因為擔心我的狀況而推掉應酬，只為盯著我做揮棒練習；只要姿勢一走樣，他就會馬上提醒。

當時鄭教練也不知哪來的自信，跟我爸說：「免緊張啦！我教他的方式是對的，繼續照著這樣做，等他長大、轉大人之後有力量了，就一定會打得比他們還要好。」那段期間，教練很認真指導我，除了有空就親自登門指導，寒、暑假還會帶我去統一獅隊的路竹球場練球。

經過了國二那年的「自主訓練」，國三開始抽高的我，不只跑步速度變快，打擊也變得更有信心，完全如鄭教練當初預期的一樣，我終於有力道把球打到外野去囉！

我真的考慮要打職棒，已經是進入業餘合庫隊後、
準備當兵前的那段期間，甚且是個「不得已」的選擇。

3rd inning

第三章　夢想起飛

原來這就是職棒！

職棒元年（一九九〇年），我才國小六年級，生平第一次以「球迷」的身分，跟著爸爸一起到高雄立德棒球場，幫成為統一獅隊球員的鄭百勝及呂文生教練加油。坐在內野看台跟著啦啦隊吶喊，對我來說好新奇，同時也感受到和我們自己少棒比賽時完全不同的氛圍。我不禁興奮地想：「哇，這就是職棒啊！場上的大人選手怎麼那麼強？而且，原來打職棒會有這麼多不認識的人來看你比賽、喊著你的名字為你加油，這真的是很酷的一件事！」

自己打的少棒賽，頂多是家長們會到場邊關注，所以我從來都不知道，竟然有人會為了場上比賽的「陌生人」，花錢進球場看球。像我小五時就認識鄭百勝和呂文生教練，所以進場看他們出賽，進而成為「統一獅迷」自然是天經地義的事；但看看周遭的人，有些並不認識場上的選手，可是只要有好球出現，他們就會興奮地大喊球員的名字，或跟著啦啦隊隊長「標哥」何信標喊口號應援。以前我完全沒有體驗過這樣的加油方式，所以對帶頭的標哥和「賴桑」賴哲鴻印象深刻。

後來又跟爸爸去看了好幾次球賽，有時是超瘋棒球的老爸自己花錢買票帶我和弟弟去享受親子棒球時光，有時則是受到鄭教練他們的邀請。另外，當時台灣職棒剛起步，球團和聯盟常常以推廣名義舉辦活動、邀請當地的三級棒球隊去現場看球；標哥和賴桑會請我們這些少棒小選手到看台上呼口號，或要我們唱自己球隊的加油歌幫統一獅打氣，所以標哥他們也算是看著我長大吧！

當時統一獅隊還沒有「獅王神轎」，所以球迷在觀眾席上舞動隊徽大旗的畫面，迄今還深深印在我的腦海裡。記憶裡的職棒元年，全場球迷都會一起玩波浪舞，現場音樂放得很大聲。聯盟當時特別請童安格寫的職棒元年主題曲〈小英雄〉，歌詞、旋律，還有那整張《棒球與我》專輯裡的歌曲，直到現在我都還能哼上幾句。在我剛進職棒時，聯盟仍會在賽前播放〈小英雄〉，每次練習聽到童安格的歌聲，總會喚起小時候看球的回憶。

而從小就愛吃的我，最期待的就是比賽前，爸爸都會先帶我們去球場附近的阿英排骨飯外帶便

少棒賽頂多是家長們會到場邊關注，職棒開打後，恰恰才發現原來竟然有人會為了場上比賽的「陌生人」，花錢進球場看球。

當。後來才知道，那家老店是很多老球迷口中「在立德球場看中職的味道」。當然，只要有比賽，球場外也會有很多攤販，如果是跟著球隊去觀賞比賽，我和隊友都很喜歡跑去買些小吃，尤其是便宜又可以吃粗飽的大腸包小腸。

除了這些「場外花絮」，去看職棒比賽印象最深刻的事，大概是親眼看到鄭教練和呂教練的「實戰球技」。以前只知道他們是台電隊的選手、指導我的教練，但從沒看過他們上場比賽的樣子，直到他們進入獅隊打職棒之後，我才知道他們真的好厲害，也開始會模仿他們的動作；譬如鄭教練接球時會劈腿再直接彈跳起來站好，第一次看到他那樣覺得好帥，所以從小就學他劈成一字馬來接球。

職棒開始的前三年，常常跟爸爸或球隊去看球，但就只有兩個 play 到現在還清晰記得。一次是呂教練有一個雙殺守備機會，他接到球後馬上出手，但我們都沒有看清楚他怎麼出手就已經完成雙殺，感覺好像完全沒有經過轉傳。另一次，

鄭百勝接球時會劈腿再直接彈跳起來站好，恰恰從小就學他劈成一字馬來接球。一直到職棒初期，恰恰守備時都還可以劈腿。

則是坐在中外野看球，那時統一對決兄弟，象隊李居明前輩守中外野，當年的「護國神捕」曾智偵上來打擊，打了個中外野接近全壘打牆前的飛球，李居明卻頭也不回直接向後跑，帥氣地把球接殺。這個「高級動作」讓我看呆了，由衷佩服地想：「這個人怎麼那麼厲害，可以聽聲辨位耶！」長大後等自己也做得到相同動作時，才知道努力是可以練就出一身好功夫的。

也因為台灣開始有了職棒，鄭教練他們成為職棒球員之後，我從六年級下學期開始，就常常得以接收到來自鄭教練、呂教練和郭進興前輩送的高檔手套。國二有一次跟鄭教練去路竹練球，碰巧遇到剛來台的洋將林克，他當時還教我接球和打擊的技巧。那時只要看到林克有好表現，我都會跟同學炫耀：「我有跟他一起練過球耶！」林克也算是少數我可以叫得出名字的職棒球員，因為那時電視轉播並不普及，但和他們的接觸，讓當時懵懵懂懂的我，覺得當職棒球員其實很不錯——有這麼好的裝備，每個人都那麼厲害，而且還可以讓好多人幫自己加油！

那時的我好喜歡去球場看職棒比賽，因為能夠和其他不認識的球迷，一起為了同一支球隊加油、齊聲呼喊口號，以及看到好球共同振臂歡呼，這種感覺真是太棒了！從此，我的內心響起了一個小小的聲音，告訴自己：

希望有一天也有陌生人來看我比賽，幫我加油！

對職棒有了憧憬

小六時第一次發現，原來當職棒球員可以吸引那麼多陌生人來看你打球，所以覺得去打職棒好像很不錯；但國一之後卻沒再想過這件事，因為美和一年級的地獄生活實在太累人了。不過升上國二那年的暑假，前輩們在當時的一九九二年巴塞隆納奧運會拿了銀牌，很多選手回國後，隔年都從業餘球員升級成「職棒球星」，這才讓我對加入職棒有了一點點憧憬。

中學時期的訓練和要求很多，基本上沒有太多時間可以看電視，而且職棒比賽都在晚上舉行，我們平常也得晚操、練球，身心都非常疲累，宿舍電視又不能隨便看，所以壓根兒不會去關注中職，更別提什麼日本職棒或美國大聯盟了。當時來自這兩個國家的棒球資訊少得可憐，電視台也不會轉播，除非家中有裝「小耳朵」，才看得到日本職棒。

但一九九二年的奧運會，首度把棒球列為正式項目，台灣也由於已經發展職棒兩年多，累積不少喜歡觀賞棒球賽的球迷。當時幾乎全台灣都關心著棒球隊的戰況，連平常沒什麼機會看棒球轉播的我們，也會特地在奧運比賽時，集結在一起觀賞賽事，為中華隊加油！台日大戰時，先發投手郭李建夫前輩投出的第一球令我印象超深刻，因為是一顆飛向本壘後方護網的超級高飛大暴投，但除了那球，他整場比賽的指叉球實在投得太好了。另外，我也記得廖敏雄前輩那支打到中外野、帶有勝利打點的安打。

那屆奧運結束後，很多國手加入時報鷹和俊國熊，這兩支業餘隊伍也在隔年進軍職棒。時報原本在業餘時期就和美和連結很深，所以當「銀牌英雄」回國後，球團特別在美和中學為廖敏雄、下勾投手蔡明宏和王光熙前輩舉辦一場簽名會。當時美和護專好多「迷妹」想要獲得三位帥氣球星的簽名，排隊人龍並列成三大排，從美和護專的操場司令台，一路綿延將近一公里到美和中學。如此壯觀的景象，讓我不自覺驚嘆：「哇，原來打職棒可以讓那麼多人仰慕你耶！」

隔年他們變成職棒球星後，每天有更多人來美和看他們練球。他們使用的器材和裝備都是日本製，材質非常好，而我們這些中學球員就在一旁幫忙撿球。當時還滿羨慕他們練球時會有很多球迷送好吃的東西來，吃不完還會分給我們。而且他們在護專對面還有自己的宿舍，甚至擁有重訓室等專用設施；儘管都由一個一個貨櫃屋組成，但對當時的我們來說，那裡根本是遙不可及的天堂。

雖然教練偶爾會帶我們去屏東球場觀賞時報鷹比賽，但平常實在沒有時間和機會去看現場或看轉播。當時美和的五間寢室中，只有一間有放置電視，早上打掃時會順便瞄一眼、瞥一下，但看的運動轉播其實是美國職籃NBA。畢竟生活裡已經天天充斥著棒球，所以我們休息放鬆會去打籃球，再加上NBA芝加哥公牛隊和他們陣中的「飛人」喬丹（Michael Jordan）在當時紅透半邊天，看喬丹出神入化的球技，讓我對這位球星的崇拜比對任何一位中華職棒球員的崇拜還要深。

我對職棒的憧憬，也就在「奧運英雄簽名會」時出現了那麼一下下，因為升上國二不久，我就面臨被淘汰的危機，壓根兒無暇再去想這件事。後來中職低迷了幾年，等到我真的考慮要打職棒，已經是進入業餘合庫隊後、準備當兵前的那段期間，甚且是個「不得已」的選擇。最終在二〇〇一年，我以兄弟象選秀狀元的身分進入了中華職棒。

業餘曾是我安穩的選擇

高中畢業後，我進入業餘合庫成棒隊。當時合庫算是公家機關，給的薪水也不低，有球打之外又有非常穩定的工作，就算退役還能繼續留在銀行上班，所以很多球員選擇不打職棒，我也是其中之一。直到某天接到媽媽打來的電話，得知家裡經濟出了狀況；從那天起我才開始認真思考，是否應該進入職棒以分擔家計的問題。

當初能和合庫結緣，有賴方水泉教練牽線，因為我在高二入選ＩＢＡ青棒代表隊時，就由華興中學的方教練擔任總教練，而他同時也是合庫的專員。那年我在ＩＢＡ表現不錯，賽後還入選全明星隊，回國後方教練就希望我未來能進入合庫隊。彼時那魯灣剛成立「台灣職棒大聯盟」，從業餘的合庫和台電隊挖走了一大票選手，所以我們這些高中好手就成為業餘球隊想要栽培的對象，而且合庫一年只簽三位高中生並贊助營養金，對我來說也算是一種肯定。

合庫的合約對高中生而言真的很優渥，公司表明選手可以先去念大學，但當完兵後如果要進業餘隊就只能回合庫、不能「跳槽」，所以高三是個繼續升學或是直接加入合庫的選擇點。林華韋校長曾經來和我爸談過，看看是否能去就讀台體，雖然我還滿想體驗大學生活，不過爸爸勸我：「先進合庫，然後趕快去當完兵，早點進職棒。」伯父也提醒：「職棒就是棒球選手的『博士班』，想要有更好的技術，就要去職棒磨練。」在他們的說服下，畢業後我最終還是直接先進合庫隊，放棄了當「大學生」的夢想。

合庫總庫在台北館前路，我也開啟了「北漂人生」。進公司報到的第一天，我和周森毅向球隊領了一大堆新裝備，包括兩雙釘鞋、兩個手套、兩套運動套裝，全都是高級的日本品牌。當時光一雙鞋子就要七千元，球隊發的大球袋還塞不下這些高檔裝備，只好再拿一個大垃圾袋裝得滿滿，才和同學一起騎摩托車回天母宿舍。想到高中時代球衣都要回收，釘鞋有時還得穿學長留下來的舊貨；一加入合庫就收到這麼多「禮物」，這才第一次感受來到成棒真的不同了，什麼東西都是新的、好的。那時突然覺得自己長大了，而且還滿屌的。

進公司後，我最初被分派到檔案科，每天都在各個樓層跑動送公文。當時大家皆以臨時雇員的身分受聘，若想要轉為正式職員，就得通過公司考試。為了協助我們過關，林進發和許順益教練會幫忙補習經濟學的課程，還要學會如何把鈔票展開成扇形點鈔等等。其實，直到現在我還是不知道考卷上寫的答案到底對不對，但總之後來成為正式員工，這也是所有來到合庫的運動員，拿到「鐵飯碗」的必經過程。

公司每年都會做西裝給員工，所以報到那天就去隔壁的嘉裕西服量身訂做，之後每天都要穿西裝上班。在球隊安排練球的日子，早上則會先穿球衣去公司打卡，再去中崙的合庫室內練習場練打或重訓，或者是去台北市立棒球場練球。那時業餘比賽很少，只有春、秋季聯賽，一年加總不到二十場，所以大概只有比賽前三個月才開始練球。基本上，前兩個月就是練到中午吃完午餐，下午再回去上班，賽前一個月才會練到晚上。

我在合庫也累積了很多國際賽經驗，除了那時還沒舉辦的「世界十二強棒球賽」（首屆賽會於二〇一五年舉辦），其他賽事我大概都參與過。當時合庫資源豐富，國際棒總舉辦的邀請賽，舉凡港口盃、哈連盃、勞工盃，或是一些兩岸交流賽，棒協都會請合庫代表參加，所以一年大約會有兩次出國機會。這也使得我在業餘時期，跟著合庫去打國際賽的次數，比以中華隊國手身分代表台灣出征的機會還要多。

合庫其實對「選手員工」的工作要求不會太嚴苛，於是我和同梯的陳金鋒等人最常去的地方是茶水間，因為那裡有東西可以吃，而且離大會議室很近。大會議室有裝設兩、三層布簾，我有時會躲去最裡面睡覺，有次睡到一半突然聽到長官正在開會講話，當下驚覺不妙，趕緊偷偷摸摸地掀開布簾快速爬出去。至於生活方面，公司對我們真的是照顧周到，分配的宿舍跟現在職棒球團一樣，不僅一人一間，還可以帶家人一同入住，有小孩的選手甚至能配到兩、三房的公寓式房型。

成為「社會人」後，才開始真正有時間看職棒轉播，但中職八年左右，已經沒有前幾年的熱潮，而且我也習慣了合庫的生活環境和待遇，認為當完兵後還會再回合庫，根本沒想過要加入職棒。直到當兵前的某一天，在宿舍接到媽媽打來的電話，才知道原來家裡已經發生一些經濟狀況，只是家人認為我還在「念書」，所以一直沒有告訴我。當年的我因為從小家境不錯，出了社會還是只知道花錢，卻不懂得好好賺錢，所以當下聽到手機那頭媽媽的聲音，一時之間心裡實在酸楚、難過極了。

掛上電話後，我開始思考自己需要跳出業餘「舒適圈」，並燃起打職棒的念頭。那時並不是因為想打職棒而加入職棒，而是知道必須去打職棒，才能有優渥的簽約金和更高的薪水來全權扛起家計。因此，服完兵役後，我毅然決然投入中職選秀，最終成為黃衫軍的一員。從此，我不再是合庫「行員」，而「棒球員」也變成了我的「職業」。

似有若無的旅外夢

現在很多選手從小就懷抱旅外夢想，不過我以前並沒有太多「外銷」自己的想法。一方面是當時來自國外的相關資訊太少、國內環境制度也不夠健全；另一方面，老天爺似乎就是要把我留在台灣打球。因為每當一有旅外的可能性出現，就會剛好遇上傷病的麻煩，這也致使我似有若無的旅外夢，就這麼不了了之地畫下句點。

當年想要旅外，一定得當兵退伍後才能成行，而且去國外當「洋將」的前輩很少，像「大郭」郭源治、「郭總」郭泰源等人，雖然都在退伍後旋即赴日發展，但關於日本職棒的訊息還是不多，所以了解有限，更別提遠在美國的大聯盟了。一直到陳金鋒被道奇隊簽走，才為台灣球員開啟旅美的大門；隨後郭泓志還沒服役就去了美國；過了不久，棒協開放用交換學生的方

恰恰在IBA的好表現，曾引起美國球探注目。

式留美打球，才又有曹錦輝和羅錦龍等人接二連三地加盟小聯盟。再後來，經由法令的修訂，選手得以在當兵前就旅外，但得接受國家隊徵召服補充役等，王建民就是第一個案例。到這時，我才漸漸對旅外比較有了概念。

其實一路走來，確實曾有球探對我的球技表示肯定。像是高二出國參加IBA世界青棒錦標賽，打出單場雙響砲，賽後就有一位球探跑來摸了摸我的手臂。隔年再次選上IBA國手，畢業後的暑假隨隊到古巴參賽，才剛抵達下榻飯店，就有球探透過翻譯詢問：「彭政閔有沒有來打比賽？」我想或許是因為前一年在IBA表現不錯，才會被「關切」。但當時年少輕狂太衝動，在入選國手後因為和人打架打斷手，到古巴時傷勢還沒

傷病是阻斷旅外機會的一大原因。

好，整個手都包紮起來，根本無法出賽，直到最後的冠軍戰才上場代打。

進入職棒後，大約在二〇〇三、〇四年時，曾想過自己還有沒有旅外機會？到了二〇〇五年，郭總問我：「有沒有旅外發展的想法？我再幫你引薦看看。」他當時擔任林英傑和林恩宇的經紀人，並協助他們赴日職樂天隊發展。那次其實看起來最有可能成功旅外，但沒想到後來卻遇上「變電箱事件」，我只好帶著手傷和樂天球探會面，其後也隨著我的傷勢復元緩慢而沒了下文。

二〇〇八年底中信鯨解散，「倪仔」倪福德和美職老虎隊簽約，那時我才知道可以用小聯盟合約換取爬上大聯盟的機會。只是倪仔算是特別的個案，他是因為球隊解散獲得「自由身」才得以成行，但我們不行，如果直接逃脫出國，恐怕會變得像野茂英雄一樣，未來回國可能會被中職封殺。畢竟以前想旅外，大概都需要由母隊先和外國球隊談好條件，但那個年代很難談得成。

那時也有某些自稱是經紀人的人和我接觸過，詢問有沒有旅外的想法，甚至提議直接從中職逃脫。不過我覺得這類方式對我們來說不見得好、風險又大，再加上經濟考量，並評估自己也已年過三十了——畢竟以美國來說，三十歲年紀似乎還是太大了，要從幾A開始都不是，他們也都不會想要，所以最後還是作罷。從此之後，我就再也沒興起過旅外的念頭了。

平常看起來溫吞的大象，走起路來總是慢慢的，
但遇到危機時，卻能以三十公里的時速狂奔。
我的棒球生涯也是一樣。

4th inning

第四章　從傷病中學習

第一次受大傷

除了小學時和鄰居玩水鴛鴦把手炸傷無法投球，進職棒前受過最嚴重的一次傷勢，是在高三畢業準備進入合庫之前。那時我還入選了ＩＢＡ世界青棒錦標賽國手，但礙於手傷根本無法做投打練習，所以每天能做的就是好好跑步維持體能。

當時年少輕狂，沒多想受傷會影響自己的棒球生涯，就衝動地和人打了一架，結果打斷了右手。那次手傷，是我進入中職前唯一受過的大傷，到古巴後每天都無法上場比賽，只能跟著跑步，比賽時身為隊長的我也只能乾瞪眼地幫隊友加油。直到對戰地主隊的冠軍賽時，黃文生總教練在九局下兩人出局後問我：「你有辦法上去打嗎？」雖然當時手還很腫，但我好想比賽，所以告訴教練：「可以吧！試試看。」

我用包紮成一大包的右手拎著棒子上場，還跑出了一支內野安打，隨後在紀諺廷打擊時盜向了二壘，可惜明明安全上壘卻被裁判拗掉，最終我心不甘情不願地成為中華隊在那場比賽的第二十七個出局數。我好生氣，超不想退場，不過全場古巴球迷也立刻用噓聲回應那位二壘審的判決。雖然因為這個誤判讓我們和金牌擦身而過，但也發現古巴球迷有很高的棒球水準，就算你是外國人，只要有好表現，他們還是照樣為你加油！

回國後，我才去開刀治療，並且帶著手傷進合庫，練球時基本上只能接球，根本沒辦法投球和打擊，所以進入業餘後的第一個盃賽——甲組成棒秋季聯賽——也只能在旁邊當「啦啦隊」，看著同梯進入合庫的陳金鋒獲得全壘打王。彼時運動員進合庫，除了一般薪資，還有依比賽成績來評分的球員津貼可以領，但我因為無法出賽的關係，僅領取最低的津貼。

受傷影響練習、比賽，著實讓爸爸擔心，他特地向鄭百勝教練請益維持球感的方法。鄭教練要我鞏固住自己的速度和體能，不能練打也得盯著發球機投出的球看，以維持視覺的熟悉度，這樣等手傷好了，訓練時就會比較快跟得上進度。此後，我每天只能一直練跑、跟著投手群練體能，就這麼熬過大半年。

等到終於可以開始練打的第一天，手上的鐵板和釘子甚至都還沒拆，但一想到好久沒打球，就不禁超級開心。練了兩、三天後，我在和日本明治神宮的比賽中猛打四支三，其中第一個打席就敲出了全壘打，這才領悟鄭教練指導的方法真的很重要。而且，這份超想打球的心情激發了無比的企圖心，也讓合庫的教練們看到我有這樣的實力，不然他們可能以為我是到公司騙錢的吧！

畢竟我高中時期的比賽還沒有電視轉播，所以杜勝正總教練和剛當上教練的許順益教練，都不知道我的球技到底如何。能在那場比賽打出好表現，除了開始獲得球隊的肯定，我想也讓推薦我進入合庫的方水泉教練保住了面子。

不想提也會被追終生的變電箱事件

每次提到我的傷病史，大家馬上就會想到「變電箱事件」，連我自己都不例外，儘管這是我最不想回憶的事！

二〇〇五年季中，中職再次被外力入侵干擾，名列其中的雖然是其他隊球員，但也包括過往的好友和學長，相信那時和我一樣在場上努力拚戰的球員，多少都會有點沮喪。那一季，二代象三連霸時期的先發隊友們，幾乎皆因傷無法上場，只剩下我還在先發名單中。身為隊長的我，除了賦予自己更多期許，希望能打出好表現，提振隊友鬥志，一起為球隊打下勝利；更想讓一些已經不相信中職是「打真的」的球迷，能認同場上認真打球的球員，重回球場看球。

下半季的八月二十六日那天，我們在嘉義縣立棒球場對戰誠泰 Cobras 隊。賽前，榊原良行教練對我說：「大家都受傷，只剩你了，你要繼續努力撐著。」我當然說「好」！結果對方先發投手林英傑，第一個打席就投出擊中我左腳的觸身球；第二個打席，我站上打擊區後瞄準了半天，一出棒卻又被擦棒球打中自己的腳。正當情緒已經有點悶了，這個打席最後竟然是三振收場，剎那間一股怒火直衝心頭——一直被球打，卻無法扎扎實實地把球打出去變安打，自己怎麼那麼不爭氣！

吞了老K走下場，我難得地把球棒用甩的方式丟進球棒架中。球棒彈出桶子的畫面，如今我還深深記著，因為我氣到連把球棒重新撿起來放好都不想。那時感覺彷彿什麼事都在和我作對。在走向室內休息室途中，我本來想踢垃圾桶出氣，但風神和派瑞克這兩位洋投就坐在垃圾桶前，我本能地不想嚇到他們，所以放棄了這個念頭。回想起來，如果他們當時沒坐在那裡，隨後就不會發生「變電箱事件」了……

以前我也曾捶過牆壁發洩情緒，但沒發生慘劇，所以那天經過變電箱，我想都沒想就揮出了一記右勾拳。正常情況下應該是變電箱被我打凹，不是我的手塌下去，但沒想到變電箱竟然比牆壁硬！我後來才知道，原來全台灣棒球場的變電箱，只有嘉義球場這個是鐵製的，其他球場的則都是鋁製。以肉搏鐵，下場當然非常慘烈。

出拳之後，我立刻察覺右手不大對勁，回到休息室脫下打擊手套，才發現這下真的糟糕了——我的右手小指和無名指下方的手背完全撐不開，整片塌下去了！防護員「衣 sir」衣思訓趕緊跟過來關切，我告訴他：「嘖，不是脫臼就是斷了，我覺得手沒辦法出力……」後來球隊迅速把我送到醫院拍X光，確定右手掌骨折；我媽聞訊趕來，看到我的手之後心疼地哭了出來，我自己也很後悔，蹲在地上一直流眼淚。

當下淚水止不住的原因是：第一，我覺得非常對不起榊原教練，因為他賽前才特地提醒我要努力撐住，為球隊打拚；第二，進職棒後我從來沒受過那麼大的傷，而這個傷勢很可能會影響到球隊未來的戰績；第三，場上不小心受傷就算了，這次竟然是「自殘」導致弄斷右手掌。這嚴重的「宣判」不斷在腦中盤旋，我懊悔至極地想：「天啊！我到底要多久才能重新上場打球？」

一直以來，我總是非常在乎自己的表現，打不好時難免會生氣。在如此高張力的比賽氛圍中，當下積壓的壞情緒，確實需要立即釋放，才能重新面對接下來的對決。以前年輕氣盛，場上沒打好、場下就暴走，但在歷經「變電箱事件」後，我開始學習如何控制情緒，讓自己找到適當的發洩出口、地點和時機。一方面避免被電視轉播畫面拍到，而對看球的小朋友造成不良示範，另一方面也選擇以不會受傷的方式讓自己紓壓。所以，從此之後，室內休息室的垃圾桶和椅子，就變成我最好的「心理治療師」！

變電箱事件番外篇

變電箱事件發生當下，「衣sir」衣思訓趕緊請另一位防護員呂東翰帶我去球場附近的長庚醫院檢查。等待報告的過程中，心裡七上八下，祈禱著自己的手只是脫臼，千萬不要斷了，因為斷掉要休息更久的時間。無奈天不從人願，最終醫生宣告：「右手掌骨折了，至少得要休養半年以上。」一聽到這個等同於整季報銷的噩耗，我身體一軟，蹲在地上，眼淚撲簌簌掉了下來。

檢查完傷勢，馬上回球場向

防護員呂東翰（左一）與恰恰。（呂東翰提供）

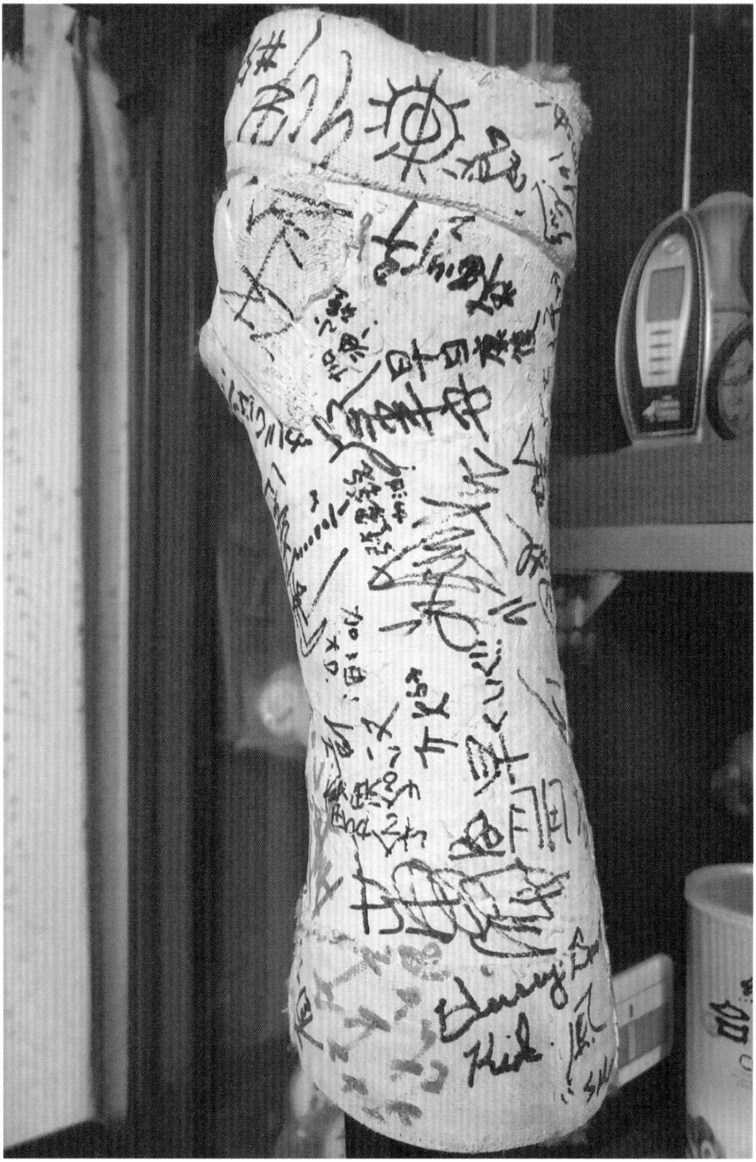

這個有全隊簽名的石膏，恰恰一直保存留念。

教練及球團報告，隨後又與東翰先到當晚住宿飯店附近的醫院掛急診。醫生要我先拍X光，依片子的結果，幫我把骨頭攕（音同「喬」），整骨的台語）正並用石膏固定，然後再去照一次X光看看有沒有攕好。攕骨的時候，很多護士、醫生和患者聽說我在急診室，特地過來拍照、要簽名，可是我根本沒辦法簽，還有護士叫我比「YA」要幫我拍照！

第一次攕好照完片子後，發現並沒有攕正，所以又拆掉石膏攕了第二次。那時護士還是繼續拍照，但醫生注意到我猙獰的臉部表情，問道：「恰恰，你有那麼痛嗎？」我咬牙回應：「對！好痛！」他追問：「你沒有打麻醉針嗎？」我答：「從頭到尾都沒有人幫我打麻醉啊！」他這才對著護士喊：「怎麼會沒人來打麻醉針？攕之前一定要打麻醉才能攕啊！」折騰了一番後，才終於攕好骨頭，打上石膏。

回飯店不久，管理「賴桑」賴永輝接到洪瑞河領隊打來的電話。賴桑把電話遞給我，領隊劈頭就問：「你是在幹嘛！怎麼把自己的手打斷了？」我解釋：「沒有啦！就打不好太鬱悶了。」領隊聽罷說道：「你這樣會讓球團損失很大，你從下個月開始每個月扣薪十萬。」我無語問蒼天，但終究是自己太衝動，這才深刻體會到「打落牙齒和血吞」是什麼感受。

手上的石膏就這麼包了一個月，拆掉之前全隊在石膏上簽名，祝我早日康復；不過拆下後，手完全僵硬、沒辦法合掌彎曲或握棒，一直到二〇〇六年初才能握拳、揮棒。至於減薪的部分，最終只被懲罰性地扣了兩個月；畢竟我的賽季雖然提前報銷，但還是依照季初設定目標，連續三年獲得年度打擊王。球團曾在春訓時向媒體表示：「只要恰恰可以在今年完成打擊王三連霸，就加薪十萬元。」無奈最後因為「變電箱事件」，月薪只象徵性地加了一萬。

傷後隔年，雖然還沒復元，但我還是入選杜哈亞運培訓名單。集訓時，總教練葉志仙老師看到我用一隻手在做打擊練習的狀況，所以他和選訓委員會召集人林華韋校長都希望我能好好養傷，因此我退出了國手名單，也錯失個人唯一一次能在大型國際賽拿下金牌的機會。

那年球季一百場賽事，我打打停停出賽了四十八場，打擊率還能維持在三成以上，達到三成五一。但球團認為出賽數太少、貢獻度不夠，所以談薪時，二〇〇七年的月薪被扣了八萬元。這是我加入職棒後，第一次「正式」被扣薪，而且幅度算是很大。我沒辦法責怪球團，只能歸咎於變電箱和克制不住一時衝動，於是我激勵自己：「你值得拿回那些薪水，甚至可以再打出更高身價！要相信自己能夠在這麼大的傷害過後，還能重新站起來！」

從二〇〇二年到〇四年，球季一結束我都會跟著中華隊參與國際賽，回國稍事休息後再投入春訓。「變電箱事件」雖然暫時中斷我的國際賽出賽紀錄，卻讓我得以在二〇〇六年年底，認識了台大物理治療師陳星宇和柴惠敏老師，並透過他們的指導做了一些季前訓練，開始了解怎麼去調節自己的身體，如何去做復健，也培養了在春訓前就必須自主訓練的概念。

受傷後，全家出遊紓解鬱悶。

當時春訓都提早在前一年的十二月初展開，二〇〇七年春訓也不例外，兄弟象隊的龍潭練習場還是跟往年一樣冷。儘管在開訓前，我終於找到打擊時消除疼痛的方法，但傷勢還沒痊癒，所以熱身更顯得格外重要。那年我對自己在重訓方面的要求更多，「老邦」馮勝賢因而在重量訓練時給我一些建議，「脫仔」林明憲也提供了他自己的經驗，讓我獲益良多。

在我的職棒生涯中，那年春訓是追求自我目標，最深刻有感的一次。疲累程度當然和菜鳥時剛進球隊差不多，但第一年入團時的春訓是被動地配合教練要求，那年則是主動地想讓自己變得更好，證明我能回復到像受傷前一樣出色，甚至達成更理想的成績。

四十歲的約定

「變電箱事件」事發當下，防護員呂東翰一直安慰我：「不要哭，只要復健做得好，或許不用休息那麼久。」其實我當時對復健和物理治療沒什麼概念，但他是復健相關科系畢業、物理治療師出身，知道怎麼做可以加速恢復。

二〇〇六年，東翰的同學「阿崇」張誠崇也進入球隊當防護員。這一整年，他們兩位不斷協助我，一起尋找打擊時不會痛的方法，還從北到南尋訪很多復健師或醫生，中西醫都有。許多醫療方法都需要花時間去換取，可是我沒有太多時間可以等待，直到年底，在東翰和阿崇的引介下，我認識了他們任職於台大醫院復健部的同學——物理治療師陳星宇，以及台大物理治療系的柴惠敏老師。經過他們的診查之後，困擾已久的打擊疼痛感終於獲得解決。

我們向柴老師描述右手的情況：受傷後整個前手臂打了一個月的石膏，拆掉後直到年初才能彎曲握拳，現在打擊還是會痛。她聽完後表示：「那時不應該包，會這麼嚴重其實就是上了石膏的關係，不然應該一、兩個星期後，就可以開始復健，會好得比較快。」隨後便開始檢查我的傷勢。

柴老師厲害的地方是以徒手「摸骨」就知道哪裡有問題，對神經解剖非常了解。診斷過後，她將一個小墊子放入我的掌中，撐住韌帶和肌肉再包起來，並請阿崇拿球棒讓我揮揮看，叮囑道：「可能球打到棒子時，手掌會有一點衝擊感，和平常會有些差別，回去實際打看看再說。」結果回球隊後，打擊練習時竟然不會痛了！從那年年底到隔年開季前的春訓，我一直努力適應手掌包著墊子握棒打擊的感覺，墊片墊了五、六年，一直到二〇一一年才完全不需要再使用。

之後的複診，老師開始教我一些復健動作，等傷再好一點後，又做了全身肌力和核心檢

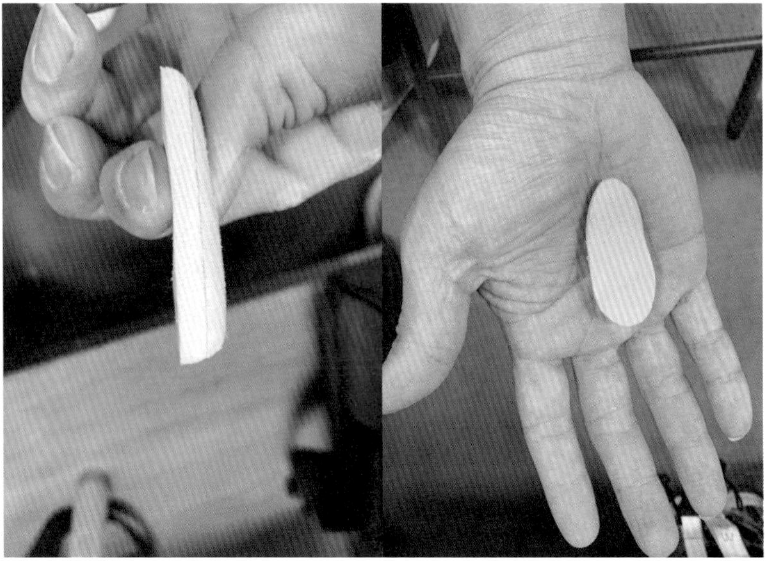

恰恰手中的墊片一直墊了五、六年，直到2011年才完全不需要再使用。

測，並為我量身訂做自主練習的「菜單」。我自那時才漸漸明白核心訓練和復健有多麼重要。從此，每年球季結束到自主訓練開始的期間，一定會去請柴老師幫我做完整的檢查，確保身體狀況，我們都開玩笑稱這是「進廠維修」。

二〇〇八年北京奧運，柴老師擔任奧運中華代表隊物理治療師，她的專業能力讓很多防護員都自動跟在她身邊學習。當時柴老師問我：「職棒球員大約可以在場上拚戰到幾歲？」我答覆若三十五到四十歲還在場上就算很長了。柴老師聽了，很自信地跟我說：「只要你每年進廠維修一次，我相信你一定可以打到四十歲。」那個當下，我跟柴老師承諾，期許自己至少再打十年。

四十歲之前，我曾覺得就算「變老」，表現應該也不會和年輕時差太多。事實上數據會說話，所以還是必須督促自己，不能因為年紀因素就放棄或放任自己，更不能鬆懈每一個訓練及自我要求的機會。想要多休息或偷懶，都是不行的！真的由衷

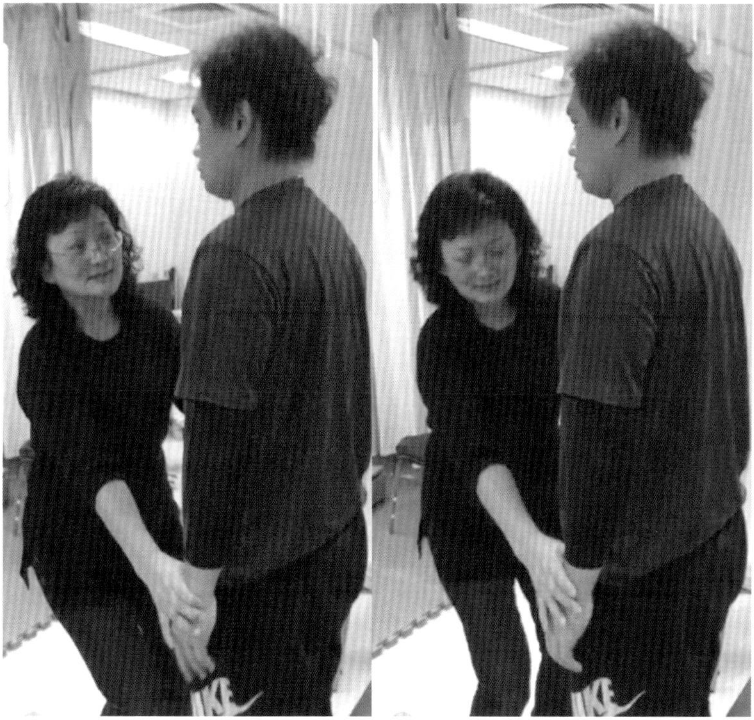

每年球季結束到自主訓練開始的期間，恰恰一定會去請柴老師幫忙檢查，確保身體狀況。

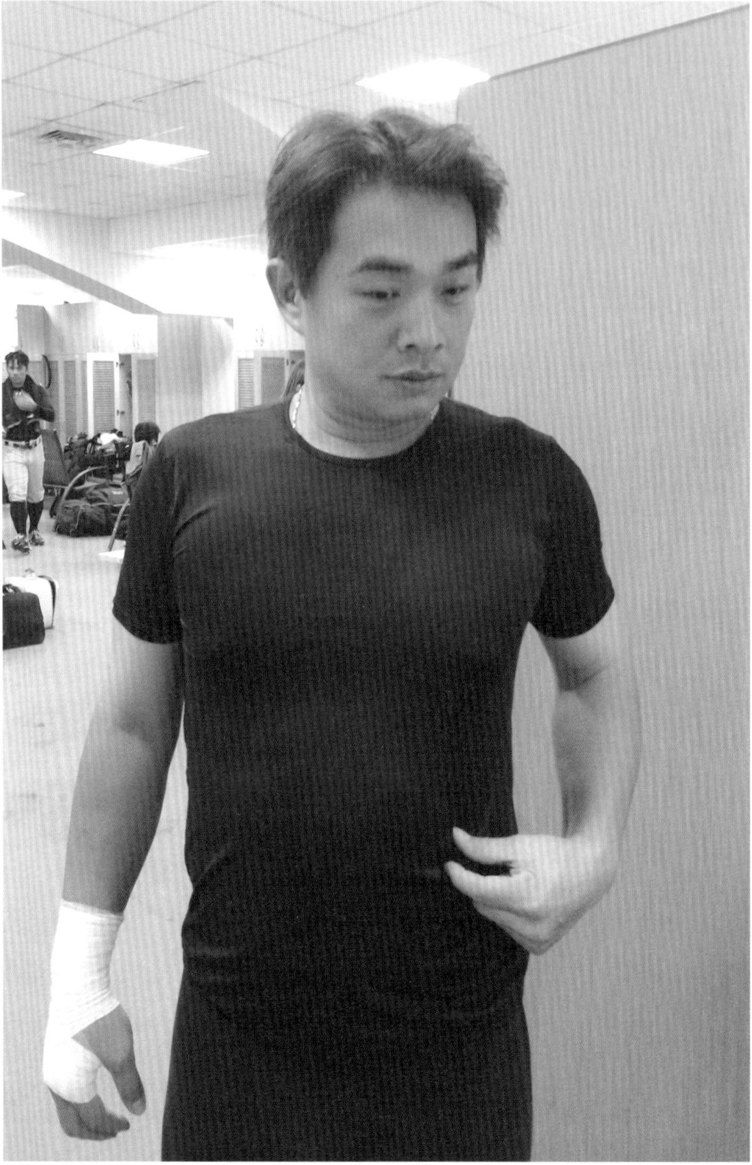

恰恰一直努力適應手掌包著墊子握棒打擊的感覺。

感謝陳星宇和柴惠敏這兩位運動物理治療師，有他們這幾年的照顧，並指導相關的知識，我才能延長選手生涯，完成「四十歲的約定」。

我的專屬防護員

二〇一二年我獲得了生涯第一張複數年合約，但那年也已經三十三歲了，覺得自己的成績似乎慢慢隨著年紀增長而受到考驗。為了能在場上持續提供球隊好戰力，再加上對於核心、重訓等訓練的重要性都越來越有概念的情況下，我決定請來一對一的專屬防護員來照顧身體。那年春訓前，來自國立體育大學的防護員——王星凱，成為我的專屬訓練員。

前一年球季，我曾在和「大頭」黃仕豪等學弟聊天的過程中，提到正在考慮是否要聘請專屬訓練員的問題，後來因緣際會下，大頭就介紹了過去他在誠泰 Cobras 隊的防護員星凱跟我認識。星凱對於訓練課程的規劃很有興趣，本身又有運動防護的專業能力，所以在二〇一二年春訓前，我正式邀請他擔任個人防護員。針對個人需求和身心狀態，星凱設計出專屬於我的重訓和體能訓練課程。

從那時起，星凱開始跟著我全台跑透透，從春訓前的自主訓練一直到賽季中，他總是在我練習時勤做筆記。當時新北市議員黃林玲玲很照顧我及兄弟隊其他球員，我和她兒子「超哥」黃聖超也有不錯的交情，因此向超哥借了一台高檔單眼相機，比賽時星凱就用它幫我側拍打擊動作，並藉由這些書面和影片的紀錄，來分析我的身體狀況，並且專門設計一套讓我更舒適的訓練方法。有了星凱的協助，我就不用再自己思考該怎麼練習才好；更重要的是，這套方法能有效幫助我放鬆身體，以最佳的狀態來投入訓練。

第一次有專人幫忙設計屬於自己的訓練課程，感覺連自己也跟著專業了起來。我都會乖乖照著他開的菜單做訓練，平常和球隊一起練球時，就在團體訓練後，按部就班地把他安排的課表做好。我認為這不僅是對自己的工作負責，也是對訓練員所開出的課程負責，並且相信做好這些練習，身體狀況和成績上一定會有所回報。

除了訓練之外，星凱也會在賽前幫我做伸展、貼紮；賽中側拍我的打擊姿勢，如果有臨時狀況他也得隨時做最佳的處置；賽後則是協助按摩放鬆肌肉、討論打擊動作……有時則陪我聊天讓我調整心情，或一起討論關於訓練和防護的相關知識。球季結束後，他也曾陪著我去台大找柴老師「進廠維修」，老師也會指導他一些物理治療的方法。

不過由於星凱整季都得一直跟著我跑遍全台，這樣的奔波其實很疲累，所以二〇一五年之後，他決定轉到生活作息能夠比較穩定的城市隊擔任防護員。以他的理想和能力，這樣確實可以幫助到更多的選手，而我也在球員生涯的後期，從他那兒學習到如何訓練自己，以及如何開訓練菜單，也更有能力在沒有專屬訓練員的情況下，把自己照顧妥當。

在這些專業物理治療師和防護員的訓練和照護下，我更了解自己的身體與適合我個人的訓練模式。自此之後，我對於各種不同的訓練方法也就越來越感興趣，也會花點心力去了解，並且嘗試吸收相關的新資訊，讓自己更進步。

扁平足的賽前準備

我天生就有扁平足，正常來說應該是不用當兵，不過那年因為兵役制度有所調整，我還是入伍服役，而且成為「陸光棒球隊」隊史上最後一位役男。

業餘時期的成績，讓我符合陸光棒球隊的甄選資格，後來也順利通過術科測驗，於一九九九年六月二十八日調進陸光隊，但才待了三天，陸光棒球隊就在七月一日走入歷史。我和學長全部從原本陸光所在的桃園，搬到高雄的左營訓練中心，並改組成「國軍棒球隊」。

那時剛好國軍要擴充兵源，因此就算是有扁平足、青蛙腿或是刻意增胖，都不能免役。但進去當兵一年多後，國防部突然宣布施行「精實案」，規劃將三十萬大軍縮減至十萬，所以又把原本的兵役制度改回來。只不過我已經進入國軍服役，也就沒能因為扁平足而提前退役。

其實這個症狀一直困擾著我，甚至連走路都容易會扭傷腳踝，後來也導致習慣性「翻船」。由於扁平足的足弓壓得比較低，很容易使腿部疲勞或腰痛，而且還引發了足底筋膜炎，只要我的身體一疲勞，連帶很多地方都會跟著痛起來。畢竟扁平足的人站立和走路的姿勢比較不正確，外觀上會有點內八、走起路來有點像鴨子，而走動的時候骨盤會一直往內陷，所以從骨盤到髖關節的病痛，基本上都是來自於扁平足的影響。以上這些都是認識台大柴惠敏老師之後才恍然大悟的。

以前去醫院就診，一般就是給一整片有足弓的鞋墊，但材質對我來說非常硬，只有在走路時勉強可以穿，所以我平時很少穿襪子，因為鞋墊太硬，很容易把襪子磨破。再者，穿上那樣的鞋墊，也會造成腳底不太能彎曲，根本難以跑步，一跑一彎腳底反而會更痛。加上足底筋膜炎的關係，運動或比賽時，我都是在鞋子內裝進可以讓腳比較不會受壓的墊片。總之，找到舒適的鞋墊這件事，曾花了我不少時間。

為了讓我和這個天生病症和平共存，柴老師有傳授我貼紮的方式，所以賽前會照老師教的方法把腳踝固定好，並且穿上高筒鞋，避免腳踝在衝刺跑壘時造成太大的角度，因為一旦沒包紮好，腳踩壘包時很容易引發習慣性扭傷。因此往後到了比賽前，我就會請防護員幫忙，以讓我舒服的方式把腳包紮起來，這樣才能好好保護自己，延長選手生涯。

慢跑的大象

「恰恰今天又慢跑了！」

朋友告訴我，PTT鄉民總是在網路上這樣酸我、調侃我。我承認，四十歲前後這幾年，有時在場上打出自己判斷的必死球時，我學會了不要勉強自己朝一壘壘包衝刺。因為我得保護好身體狀態，才能夠在最喜歡的紅土上奔馳得更久，再多當幾年職棒選手。

二〇一九年，我已經四十一歲了。從二十九歲那年起，我被醫生診斷出髖關節退化，當時的我不以為意，在場上總是把球打出去後就埋頭衝刺，心中只想著要拚上壘，然後再努力想辦法回到本壘幫球隊得分。直到二〇一六年，三十八歲的我，某天驚覺髖關節痛到無法自己，才知道代誌大條了！

因為三不五時骨頭會壓迫到神經，導致我疼到無法好好睡覺！所幸醫療科技越來越進步，從那時起，我每個月去醫院報到，在髖關節打一針止痛劑，再補上一針玻尿酸來當骨頭之間的潤滑液。但現在的狀況是，我已經得從每個月一次，縮短為三週就得去找醫生打針。

前面提過，除了髖關節，足底筋膜炎也嚴重困擾著我。發病的這幾年，腳的狀況時好時壞，痛到一個不行時，又得去醫院在腳底板打一針類固醇，才能稍微減輕疼痛感。這個疾患始終無法完全康復，我只能不斷地尋找合腳的鞋墊，來確保我在場上運用腳下功夫時，足底筋膜炎不會再復發。

我想，這就像是一場人生的馬拉松比賽吧！在那四十二點一九五公里中，每位選手都得配速得宜，並且都要有一套最適合自己的配速方式，如此才能在最後達成自己追求的成績和里程碑，不至於在抵達終點之前就被「關門」（路跑或馬拉松賽事的大會時限）。而「慢跑」，就是對職棒生涯後期的我而言，在場上最好的配速方式。當然，我不是每次都能判斷精確，但這樣的調節機制，得以讓我在下一個半局的守備，或下一個打席前，儲備好足夠的體力予以應對。

當然也有過那麼幾次，我曾試圖想要「衝刺」全場，但這兩、三年球隊仍需要我上場守備，在又攻又守的情況下，確實得耗費更多精神和體能。畢竟，一壘守備機會多，必須專注地接好每顆隊友傳過來，或被打向一壘的球才行，我不願輕易讓球通過由我鎮守的防區，所以全場「衝刺」下來，大約到六局左右體力就會明顯下滑。儘管我總是認真地做好體能教練交付的菜單，甚至實行一些自主訓練，只是有傷在身，加上年紀漸長，才不得不選擇以「慢跑」的方式打滿九局。或許，人真的不能不服老吧。但不管是全力衝刺還是配速向前，我對於職棒這份工作的態度，從未因為「慢跑」而鬆懈過一分一秒。

> 我仍是二〇〇一年剛進職棒時，那個始終保持兢兢業業，盡己所能面對每一場比賽的彭政閔！

每個階段的人生，都會在面臨障礙或難關時，激勵出不同的應變和想法。就像平常看起來溫吞的大象，走起路來總是慢慢的，但遇到危機時，卻能以三十公里的時速狂奔。我的棒球生涯也是一樣。從小學四年級跑步總是全隊倒數三名內，國二開始自主訓練讓速度追上別人，到高三那年成為全隊最快的快腿；我就這樣一路跑進了職棒。一直到現在，我持續地跑步，要求自己維持一定的體能狀態。

也許，這就是屬於我一步一腳印。面對人生當中不同課題時，採取不一樣的配速步調，讓

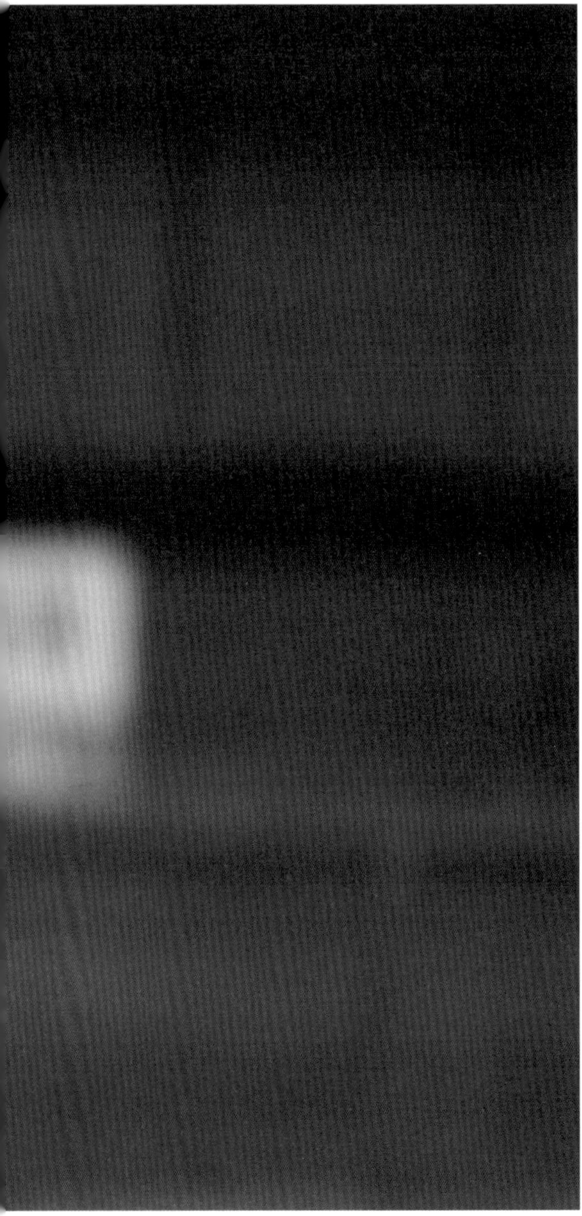

自己可以在每一個里程和關卡都能成功達陣。畢竟：

大象步伐雖慢，但總會到達終點！

SKECHERS
Brothers
Brothers

Chinese Taipei
23
在國家隊的後期，
我心裡對於身為隊長或是代表台灣去打國際賽，
有更多、更重的責任感與使命感。

5th inning

第五章　難忘的國際賽

第一次當國手

國三那年，我透過選拔賽第一次當選國手；我也在那次選拔中獲得棒球生涯的第一個獎項——「功勞獎」，隨後就代表國家出征遠在巴西的「第四屆ＩＢＡ世界青少棒錦標賽」。對我及整個彭家來說，「當國手」是一件無比光榮的事，我自己既開心又興奮，更期待有好表現，能夠像大家用台語說的一樣：「真棒，真棒，出國比賽！得冠軍、拿金牌、光榮返回來！」

ＩＢＡ世界青少棒錦標賽是由世界棒壘球總會主辦的正式棒球國際賽，比起由世界少棒聯盟辦理的威廉波特少棒賽、奇士美青少棒賽或羅德岱堡青棒賽等等，ＩＢＡ的等級更高，等於是把全世界和我們同年紀的所有頂尖者都聚集在一起，所以隊友們也都想大顯身手，為國家爭取榮譽。

在出國前一天，我亢奮到差點睡不著，但上了飛機才知道，搭機真的好無聊，因為巴西超遠！出發前教練就說：「巴西在我們腳底下，要繞一大圈才能到。」那時，總共花了三十二個小時才終於抵達目的地。途中先去香港轉機，在機上吃了四次早餐；飛機還加了兩次油、機艙內換過三批乘客，而我們始終還在飛機上！

到達巴西後，當地華僑特地來接機，而且對我們照顧有加，每天都會煮很多好料招待我們，就怕我們這些小國手懷念家鄉味，因此舉凡滷蛋、滷肉、炒麵……應有盡有，每餐都有不同的台灣小吃可以品嘗！華僑也知道我們難得出國，所以在練完球或比完賽的空檔，還會載我們去市區觀光，希望我們在好好比賽之餘，也能夠享受在地風光。

我們在那屆賽會也不負眾望一路打進決賽，讓華僑叔叔、阿姨們好高興，他們還邀請巴拉圭和其他鄰近國家的六百多名華僑跨國來助陣。華僑叔叔在我們對上地主隊的金牌戰前勉勵我們：「你們要好好努力，因為巴西近兩億人口，日裔大約十萬人，巴西的選手有五分之四是日本裔，所以你們要加油喔！」果然，他們整隊球風日式，連基本動作都和日本隊差不多。但對我們而言，管他像什麼隊，我們就是要拿下冠軍！

那場比賽進行到四局下，兩隊一比一時，我打了一支安打進占二壘得點圈，隨後隊友田顯明擊出右外野方向落地安打。對手很明顯是在一個彈跳之後才接到球，我也明明跑回中華隊的第二分，但右外野的巴西籍「愛國裁判」卻高舉右手，表示這球已被巴西隊接殺，得分不算。這是在眾目睽睽之下的第一次「誤判」！

之後中華隊有一次牽制成功，古巴籍一壘審卻判定跑者安全回壘，也讓對手後來有反超比數的機會。這是第二次錯誤的判決。

到了七局下，我們發起最後反撲，隊友接連安打，讓我同學周森毅得以從二壘衝回本壘，但當時捕手才剛接到外野的回傳球，根本還來不及轉身做觸殺，可是南韓籍主審已經把手舉高宣判出局。這是第三次對我們不利的判決，也導致最終我們就以二比三輸球，屈居亞軍。

當時年紀小，當然覺得委屈，全隊在休息室抱頭痛哭。之後聽說華僑叔叔、伯伯們比我們還生氣，甚至在賽後去圍堵「肇事主審」；其他兩位裁判則在聽聞主審被「修理」之後，速速逃離「肇事現場」。隔天，當地報紙刊登了本壘攻防戰的照片，巴西球迷也知道自己的球隊贏得並不光彩。而我代表台灣出賽的頭一遭，就在裁判的「干涉」中，以亞軍畫下句點。這是我首度體驗到國際裁判的水準，以及場上判決的千變萬化。

那次到巴西參賽的回

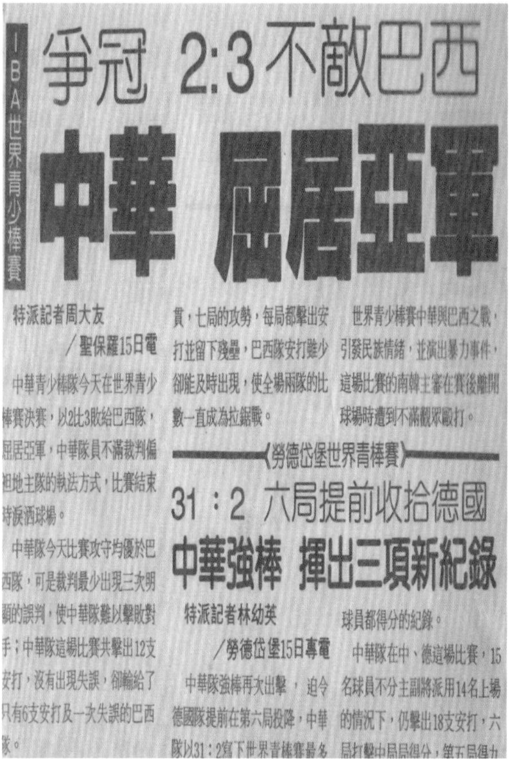

IBA世界青少棒賽

爭冠 2:3不敵巴西

中華 屈居亞軍

特派記者周大友
／聖保羅15日電

中華青少棒隊今天在世界青少棒賽決賽，以2比3敗給巴西隊，屈居亞軍，中華隊員不滿裁判偏袒地主隊的執法方式，比賽結束時淚灑球場。

中華隊今天比賽攻守均優於巴西隊，可是裁判最少出現三次明顯的誤判，使中華隊難以擊敗對手；中華隊這場比賽共擊出12支安打，沒有出現失誤，卻輸給了只有6支安打及一次失誤的巴西隊。

貫，七局的攻勢，每局都擊出安打並留下殘壘，巴西隊安打雖少卻能及時出現，使全場兩隊的比數一直成為拉鋸戰。

世界青少棒賽中華與巴西之戰，引發民族情緒，並演出暴力事件，這場比賽的南韓主審在賽後離開球場時遭到不滿觀眾毆打。

《勞德岱堡世界青棒賽》

31：2 六局提前收拾德國

中華強棒 揮出三項新紀錄

特派記者林幼英
／勞德岱堡15日專電

中華隊強棒再次出擊，迫令德國隊提前在第六局投降，中華隊以31：2寫下世界青棒賽最

球員都得分的紀錄。

中華隊在中、德這場比賽，15名球員不分主副將派用14名上場的情況下，仍擊出18支安打，六局打擊中局局得分，第五局得

家人還留著當年IBA屈居亞軍的剪報。

憶，摒除掉決賽的惡意判決，其他部分其實都很美好！能以國手身分出國，並第一次感受來自華僑的關愛，真的很感謝、很喜悅。儘管回程又搭了二十六個小時的飛機，但自此之後，每次都好希望自己可以當選國手，出國比賽兼觀光、又能品嘗華僑們的好手藝。最重要的是：

我想讓世界看到台灣！

生涯首轟就在國際賽

高二那年，我第二次當選國手，在U18全球菁英齊聚一堂的「一九九五第十五屆IBA世界青棒錦標賽」中，我轟出了個人生涯第一支全壘打！雖然我國三開始長高，打擊的力量慢慢有所提升，升上高中後也逐漸有了長打能力，但基本上還沒能把球扛出全壘打牆，僅僅只在國內的練習賽中敲過一次全壘打而已。

彼時，日本名將鈴木一朗（Ichiro）才剛成名不久，看過他用鐘擺式打法的報導和比賽，覺得動作很特別，所以打擊練習時我會模仿他的打擊姿勢，揮棒起來也滿順暢的。那年我拿下全國賽打擊獎第二名，但本來並沒有入列ＩＢＡ世青賽的國手名單內，是直到當時全國賽冠軍南英商工的陳獻榮教練向其他選訓委員推薦之後，我才得以第二次選上國手。

這屆ＩＢＡ，我好像突然開竅了，火力整個升級。不鳴則已、一鳴驚人，我一口氣在賽會敲出了三發「紅不讓」。預賽對上加拿大，我人生第一支正式賽的全壘打出爐了！其實打出去的瞬間，球飛向中右外野，當下並沒有意識到小白球會越過全壘打牆，所以我只告訴自己：「打出去了，快跑！」一直到通過一壘後，才發現球竟然飛出去了！我心裡興奮吶喊著：「哇，好爽！原來打出全壘打的感覺這麼美妙！」

那是我第一次享受繞內野一圈，不用在任何壘包上駐足停留、等待著隊友火力支援，就可以回到本壘得分的快感。當年還不流行轟出全壘打要振臂握拳，所以我默默地繞行了四個壘包，但踩到本壘得分的感覺，真是前所未有的爽快！

不知是不是打出全壘打，讓我成了敵手的眼中釘？在那場比賽中，我意外發現原來外國人打球是那麼地凶狠。我當時鎮守三壘，在接到一個回傳球，準備要觸殺衝過來的跑者時，他竟然故意用穿著膠釘釘鞋的雙腳，往我的小腿招呼過來。我整個人被踹飛倒地後，才首度驚覺：「原來打個棒球也可以那麼粗暴！」不過最終我們以十比四擊敗加拿大，我也一吐「被關照」的怨氣。

接下來另一場預賽，我們以十五比〇大勝義大利。在那場戰役中，我首度轟出了單場雙響砲，而第二支全壘打就是用Ichiro的鐘擺式打法打出來的。賽後有一位外國人跑來握我的手臂，讓我一頭霧水，後來才聽隨行翻譯說，那位先生是球探。那時的我根本不懂球探是什麼，更不記得他到底是哪支美國職棒球隊的球探；當下只是猜想，他可能覺得我看起來瘦巴巴、一副手無縛雞之力的樣子，怎麼會單場打出兩支全壘打，所以才過來摸摸我的手臂吧？

我們在那屆賽會一路闖進冠軍賽，但最終〇比十不敵美國，以亞軍作收。直到多年後，我才知道原來我們打四強賽和決賽時，移師到那個超級無敵大、左外野還有一堵綠色高牆的球場，就是鼎鼎大名的紅襪隊主場——芬威球場（Fenway Park）。當天頒完獎後，球隊從球場離開回到大巴的那段路途間，我又再次感受到僑胞的熱情。因為在美國的僑胞比巴西還多，他們都想要拿到中華隊的裝備當紀念，等我好不容易通過人牆，終於回到大巴上時，全身上下居然被扒到只剩下一件內衣和一條內褲。

其實我在本屆IBA敲出的三支「紅不讓」，都不是在芬威球場轟出來的，因為大會將預賽安排在附近的其他球場舉行，以致我並沒有真正擊敗過芬威球場左外野那頭巨大的「綠色怪物」。另外，IBA開賽之前幾週，我們先行到加拿大參加了「四國邀請賽」，比賽安排在多倫多藍鳥隊的主場天頂巨蛋（SkyDome，現稱「羅傑斯中心」〔Rogers Centre〕）舉行。但當時的我對美職完全沒有概念，更別提有什麼嚮往，只覺得不管是芬威還是天頂，這兩座球場都好大、好美、好漂亮。

那年的比賽，讓我們以為去打這種世界級正式賽會，都會在這麼好的球場舉辦，直到往後又陸續當選國手，才知道原來只有那兩場賽會「剛好」獲得「大聯盟」等級的待遇。其實對我來說，那屆ＩＢＡ最特別的，不是能在大聯盟的球場比賽，而是我也有能力把球轟出全壘打牆了！

令人印象深刻的古巴

高三畢業那年獲選「第十六屆ＩＢＡ世界青棒錦標賽」國手，讓我第一次有機會到古巴這

1995年IBA世青賽開打之前幾週，台灣小將們先行到加拿大參加了「四國邀請賽」。

個共產國家參賽。這次比賽的經驗真是畢生難忘，因為除了包紮著斷手出國，並且首度擔任中華隊隊長，最令我印象深刻的，是只有到那裡才需要帶「米」！

有別於前一年去美國ＩＢＡ天天buffet吃到飽，古巴則是提供飯票，但每次吃飯只能排隊拿一次，雞腿一人一支，就算沒吃飽也不能再拿第二次。由於當時的古巴是由政府配給食物和農作物給人民，十五天才發放一次，而當地也沒什麼商店，所以棒協怕我們這些正在「轉大人」的青棒選手會餓肚子，就叫球隊要帶著小電鍋，還要帶泡麵和米過去煮。

抵達古巴的第一天，才剛到下榻飯店，馬上能感受到這個國家的落後。和我連兩年一起在ＩＢＡ當室友的黃欽智，搭大巴的途中鬧起了肚子，所以一進飯店就立刻衝去廁所。他一屁股坐到馬桶上，突然覺得臀部一直被戳，嚇得趕緊起身，結果一隻青蛙竟從馬桶裡跳出來——那個當下，我們傻眼到只能用「不可思議」來形容。

本屆賽會在八月舉辦，當地天氣相當炎熱。某天我和隊友們看到小販在賣剉冰，一群人決定去光顧消暑一下。當我們拿了五塊美金給小販結帳時，他卻根本找不開，乾脆直接把剷子遞給我們。因為給的費用就算把冰全部吃完也多到有剩，他表示我們愛吃多少就吃多少，於是，我們只用五塊美金就包了整台剉冰車。（按：當時美金一元約等於新台幣二十五元。）

除了物價低，古巴的薪資所得也很少。當時有一位六十幾歲的女教授，被分派來協助中華隊，她雖然在美國留學過，但回國教書一個月薪水才十三元美金；我們要離開時把剩下的米和鍋子送給她，她超開心地一直跟我們道謝。另外還有一位年輕男學生在這段期間擔任中華隊的地陪，居中當「翻譯的翻譯」。由於這次的隨隊翻譯會講英語但不諳西班牙語，而這位地陪在美國讀書，球隊就透過他的雙向溝通協調很多事。我們全隊都很感謝他，所以臨走前，球隊交給他五十元美金作為「謝禮」。五十元美金乍聽似乎不多，但對他來說這個金額很大；他非常感動，便把他所有的才藝表演給我們看。那是我第一次聽到老鷹合唱團的〈加州旅館〉（*Hotel California*），他唱得好好聽。

讓我留下深刻印象的還有警察，因為這是我首度見識警察騎摩托車當大巴前導車的景象。前往球場的路上其實沒什麼車，但共產國家警察權力很大，對方來車只要看到我們的大巴，都會紛紛停在旁邊等待。後來才知道原來古巴有規定，看到警察前導車就表示有重要貴賓來訪，民眾必須靠邊以示尊重。不過儘管警察極具權威，但他們人都很好。當時除了每隊配有地陪，也會安排一位警員隨隊；那位先生十幾天裡一直陪著我們，還不斷提醒不管發生什麼事都要找他，甚至還主動幫球隊搬器材裝備。這次由於是以美和為主體的中華隊，也是我第一次擔任國家隊隊長，所以就把前一年去美國時，花了幾十塊美金買的手錶送他，答謝他對我們的照顧。結果那位警察馬上淚崩，透過翻譯說：「從來沒收過那麼貴重的禮物。」我回：「沒什麼，謝

有機會出國比賽，不愛照相的恰恰也難得拍下帥氣的身影。

謝你。」畢竟他像球隊的保鏢兼保母還要打雜，真的很辛苦，所以我才以隊長身分聊表心意。

其實這只是我「借花獻佛」的其中一次，因為在進入職棒前，每回出國比賽，購物基本上都是刷媽媽給的卡。就連我使用的手提包，也是跟媽媽要來的「化妝包」。高中時見到教練們都拎著手提包，看起來很帥，又覺得和媽媽的化妝包長得很像，回去就跟媽媽要了一個，出國外出買東西，都把化妝包當手提包使用。在得知家裡經濟出狀況之前，媽媽說過我花錢很闊氣，怕我出門在外錢不夠用，所以直接拿卡給我刷。有次跟合庫去荷蘭打盃賽，在杜拜轉機時還刷卡買了一對金錶送給爸媽；當下其實也沒想到用的是爸媽的錢，就只是打算帶個心意回去孝敬他們。

代表合庫去荷蘭參加港口盃時，曾遇到了古巴英雄：奧運三朝金牌元老李納列茲（Omar Linares）跟金德蘭（Orestes Kindelan）。他們當時都快四十歲了，還能以哈瓦納隊球員身分出賽。現在古巴10號背號球衣，都是最厲害的球員在穿，像是古利耶（Yulieski Gurriel）就是其中之一。古利耶被譽為是李納列茲接班人，他在二〇〇二年十八歲時入選國家隊，也繼承了李納列茲的10號背號。

儘管古巴的球場真的很簡陋，卻能孕育出這些國際知名球星，擁有世界第一的棒球實力，這也讓他們就算沒有經費出國比賽，各國的邀請賽主辦方還是會包辦古巴全隊的機票、食宿，甚至提供服裝球具給他們。畢竟只要古巴出賽，每每能吸引大批球迷觀戰，國際棒總也就會認同這些比賽的正式性，像港口盃、哈連盃等賽事，才都會主動邀請古巴參賽。

我很喜歡古巴，也滿想去那裡訓練，因為古巴的棒球科學發展可能不落後於美國。二〇〇四年奧運前，中華隊在義大利進行熱身賽，某次我們正在重訓，恰好古巴投手在一旁的牛棚練投。我們觀察到捕手蹲在距離投手丘約一半的位置，還看他們的投手丟出一顆黑色的怪球，便好奇地湊過去拿拿看。一拾起那顆球，我吃了一驚：「哇，大概有三公斤。好重！」後來才了解那叫「加重球」，他們那時就已經用「加重球」在做牛棚訓練，所以我覺得古巴的棒球發展算是滿進步的。

有了這次的經歷，從雅典奧運回來之後，我就時常觀察、研究古巴打者的打擊方式，也想過親自去古巴看看他們的訓練方法。不過大概很難真的成行，畢竟共產國家不好申請入境。這個神奇的棒球國度，確實有相當多的觀念和訓練方式值得我們效法！如果有機會，還真想再次造訪古巴，來一趟棒球學習之旅。

勞工盃的航站情緣

合庫時期常常出國比賽，甚至在我服役國軍隊的期間，也曾經被合庫隊情商借調，跟著去加拿大參加「勞工盃國際棒球邀請賽」。那是我參與過最寒冷的戰役，賽後也因緣際會認識了我的人生伴侶——「小琦」呂冠琦。

加拿大勞工盃原本只有邀集當地和美國鄰近地區的球隊，而且主要是由大學隊或半職業隊參加，後來規模越來越大，才逐漸轉型成國際性質的棒球比賽。可能是加拿大的華僑不少，台灣在國際賽事的成績又不錯，所以中華隊自一九八八年開始獲邀參賽。一九九九年的勞工盃，棒協請資源豐富的合庫代表台灣出征，所以公司就向國軍隊借調原本隸屬合庫的莊景賀與我加入陣容。

賽事地點在加拿大的格蘭福克斯市，我們直到比賽開打才知道，原來參賽的並不全是勞工，還有不少小聯盟球員也投入其中，因此對手的實力其實挺強的。這座球場靠近山區，是我生平第一次在接近零度的氣溫下比賽；雖然沒下雪，但溫度好低，冷到必須戴兩個打擊手套上去打擊。服裝部分，除了套在外面的中華隊球衣，每個人都還穿了兩、三件衣服禦寒。本次賽會中，甫自美和中學畢業、剛加入合庫的學弟「沈仔」沈鈺傑扛起第四棒，我則擔綱第三棒；他打得比我好，而且還主投了最後的季軍戰，獲選為大會最佳左投，這件事讓沈仔臭屁了很久。

拿下銅牌後，我們收拾行囊準備回台灣，過程中要先去溫哥華轉機，那邊好幾個登機門是由長榮航空的人員提供服務。等待轉機的空檔，我和隊友跑去免稅店逛逛，正當我們杵在琳瑯滿目、令人眼花撩亂的禮品前時，視線對到幾位走進店內的長榮空姐，而其中一位讓我的眼睛瞬間為之一亮！當時她在擺放娃娃的架子上挑起了一隻小熊，揉揉搓搓，愛不釋手。雖然這位

空姐後來沒有去結帳，但因為小熊滿可愛的，我倒是買了下來，打算當個伴手禮，也沒有特定想好這隻熊要送給誰。

飛機啟航後，赫然發現剛剛那位讓我驚豔的空姐，竟是服務我們這個航班的空服員。我在坐位上偷瞄到她的名牌，扭頭跟旁邊的學長李紹定說：「我在機場有遇到這個女孩子在挑小熊耶！」那時和學長聊了很多，我想我對這位女孩，應該算是一見鍾情了吧！就這樣，整趟從溫哥華飛回台灣的航程，我的心裡七上八下，根本無法入眠，腦袋始終填滿了「該怎麼跟她告白」？

就在快要抵達國門前，學長叫我要提起勇氣寫字條給

就是這隻可愛的小熊，牽起恰恰與小琦的「航站情緣」。

GT

男山酒造り資料館
平成14年12月6日

彭政閔
HAND SELECTED

她。於是，我在紙條上寫下了我的名字和手機號碼，假借要拖鞋的名義，把紙條塞給了她。

那時沒有 LINE 或其他的通訊軟體，只能期待她下機後能真的跟我聯繫，結果她當天就打電話給我了。接到她的來電，我興奮無比，馬上再次鼓起勇氣，故作鎮定地約她晚上吃飯，她竟也一口答應，所以我們當天晚餐就實現了第一次約會。和小琦正式交往後，某次碰面，我把當時在溫哥華機場買下的小熊送給她，告訴她那次就是看到她在挑小熊，我之後才會買下來，所以乾脆直接把小熊送她作為紀念。

我想，就是這隻小熊牽起了這段「航站情緣」吧！

亞運和洲際盃的銳變

二〇〇二年，我第一次以職棒球員的身分被徵召進入中華成棒隊，並代表台灣參與了「釜山亞運會」以及「古巴洲際盃」。在這兩項大賽的實戰中，我吸收到很多經驗，覺得自己在打擊端上有很大的銳變成長！

在二〇〇一年進入職棒前，雖然也有幾次入選中華成棒代表隊，像是一九九八年世界盃等等，但比較大的賽會，我都沒什麼上場機會；畢竟陣中好手和學長眾多，帶領的總教練也有用兵習慣，所以我幾乎都坐足板凳。直到二〇〇二年的兩項大賽，我才得以先發上陣，而且扛起陣中的第四棒。

不過去韓國參加釜山亞運前，大家壓力都不小。因為中華隊在前一年台灣主辦的世界盃棒球賽中獲得第三，成績非常出色，一般大眾對二〇〇二年「亞洲區」的亞運會就有更高的支持和期待，似乎我們非得要拿冠軍不可。其實亞洲前三（台、日、韓），基本上也都有打進世界盃四強的實力，而且二〇〇一年的世界盃，由於我們是地主隊，為了要留下佳績，所以徵召當時旅美的陳金鋒、旅日的許銘傑和陳大豐前輩歸國效力，派出的層級其實比亞運這支隊伍更高。

身為釜山亞運會的地主韓國，當然也像我們二〇〇一年世界盃時一樣精銳盡出，除了想要在自家留下第一名，還有一個主因：和台灣選手一樣，韓國球員也有兵役問題得面對。韓國兵役法規定，只要在亞運奪金就能免役，不用考警察廳或尚武隊（類似台灣的國軍隊），更不用去當兩年大頭兵，因此不少球員都得利用亞運來為兵役解套。

那次亞運會，日、韓兩隊派出的陣容，強度反而比前一年世界盃還高。日本是以業餘球員，加上一些年輕的職棒選手組隊；而韓國隊等於是韓職明星代表隊，舉凡當時喊得出名字的李承浩、李承燁、金東柱、金鍾國……個個都是狠角色，尤其是林昌勇投手，真的只能以「超變態」來形容。林昌勇的下勾球可以投到一百四十五公里以上，他是到二〇〇三年才改成側投，二〇〇二年時是採用更接近地球表面的下勾方式投球，球速卻比一般上肩型投手投出的還快，但變化球又可以慢到只剩一百二十幾公里。對台灣打者來說，要打到林昌勇投出的球，真的頗具難度，畢竟在國內沒有機會碰到這類型的投手。

至於棒協在釜山亞運前徵召旅外選手不是很順利，只有當時尚未成名、還在美職小聯盟短期1A的王建民，以及效力於道奇高階1A的「小郭」郭泓志入列。最終，我們在釜山亞運冠軍戰以三比四不敵韓國，只能獲得銀牌。當時中華隊隨隊工作人員告訴我們，輸掉金牌戰後，網路上很多球迷罵我們，其中帶傷從美國回來想要摘金免除兵役的小郭，以及沒投好的黃欽智都被炮轟得很慘，球迷甚至還揚言要蛋洗桃園機場！被指名要蛋洗的人選，除了他們之外還有沒打好的蔡豐安，以及擔任第四棒、打擊率卻只有兩成多的我。

當時聽說要被蛋洗，壓力好大也很害怕。這是我打職棒以來第一次穿中華隊球衣出國比賽，以前也沒有聽過國手回國要在機場被蛋洗這種事，所以覺得好嚴重。那天快要出關時，大家都不敢走出去，防護員「衣 sir」衣思訓和葉恩只好先出去幫忙看看，確定沒有人拿雞蛋在外面等候，我們才敢踏出出境大廳。

一回國，緊接著代表兄弟象打了中職總冠軍賽，結束後又馬不停蹄地接受徵召參加古巴洲際盃。這兩次的國際賽經驗，讓我成長很多，儘管我在亞運打擊率偏低，甚至連面對菲律賓都打不好（因為他們投手的球速太慢，慢到打不到），卻讓我體認到參與國際賽要有即時應對各種投手的能力。後來再去打洲際盃，也就更加期待面對其他的世界強隊，因為我終於能和那些南美和歐洲勁旅「實戰」了。畢竟，打擊經驗值的上升，都得從對戰機會中獲得，和平常的練習或國內熟悉的對決，是完全不同的比賽張力和感受。

二〇〇二年的洲際盃，我自認是生涯中打擊上的重要轉捩點，那年起直到二〇〇四年，連續三個職棒球季結束後，我都被徵召到中華隊參與國際賽。由於大賽經驗不斷地累積，也讓我日後在國內職棒都能有穩定的打擊表現。

最被看好的中華隊

「又是高志綱！」

二〇〇三年奧運資格賽——札幌亞錦賽，中華隊在總教練徐生明老師的帶領下擊敗強敵韓國，最終順利拿下亞軍，也不負國人期待，取得二〇〇四年雅典奧運參賽權。這是棒球項目自一九九二年成為奧運正式比賽後，中華成棒第二次可以前進奧運殿堂；隨後為了備戰雅典奧運，台灣組了最強中華隊，而我也再次入選成為其中一員。

能繼一九九二年前輩們之後，再奪奧運門票，真的不得不提這場在日本北海道舉行的亞錦賽。棒協召回旅美的王建民和陳金鋒加入陣中，這也是我和金鋒繼一九九八年世界盃後，再次在中華隊相遇。在與金鋒聊天的過程中，我發現他旅外幾年，變得好有想法；從他的經驗分享裡，我吸收了很多新的觀念，知道自己該怎麼去訓練、要以哪些方式來調整進入比賽的節奏、面對高張力的賽事過程或低潮期又該用什麼心態去面對……對我有很大的助益。

賽會中那場最令球迷津津樂道的「台韓大戰」，在戰局緊繃的時刻，有幾個 play 其實是誤打誤撞出來的。我一直以來就很愛觀察投手和場上狀況再來「亂跑」盜壘，或不按牌理出牌來個奇襲打擊；那場台韓戰還好受到棒球之神的眷顧，我的 freestyle 出現了好的結果。

九局下，原本中華隊還以二比四落後，面對前一年亞運讓中華隊很頭大的林昌勇，他卻連投四個壞球將我送上一壘，隨後又保送了謝佳賢。韓國隊見狀，旋即換上當年韓職救援王曹雄天登板，我在二壘上不斷觀察他低肩側投的動作，發現他準備投球之前，身體會稍微後拉、先往下再出手，我當即決定抓他這個時間點提前偷跑。三壘手看我偷跑只好趨前防守，鄭兆行也很巧合地把球打穿三壘防區，形成一支安打，結果我就連跑兩個壘包，回本壘追回一分。之後陳致遠揮出追平分安打，幫助球隊進入延長賽。

十局下雙方四平，場上一出局一壘有人，投球的仍然是曹雄天。這時又輪到我上場打擊，我也不負眾望，敲出穿越一、二壘間的安打，讓代跑的鄭昌明一路攻上三壘。接下來的張家浩繼張泰山後又被保送，形成滿壘的局勢，最後就是令全民陷入瘋狂的「又是高志綱」！那顆越過三壘手上方的高彈跳再見安打，助中華隊一腳跨進奧運大門。

亞錦台韓戰，後來總讓我想起生平和徐老師第一次的對話，那是他在擔任業餘時報鷹隊的教練，而我還是美和高中生的時期。有次時報和美和進行一場練習賽，第九局兩出局，我們落後一分。代表追平分的我站在二壘上，看到三壘手距離壘包遠、守得很後面，投手也沒什麼理會我；我想趁機盜壘，結果卻被觸殺出局，造成比賽結束。賽後徐老師告誡我：「像這樣的情況，最後一局你在二壘得點圈，你不要亂跑。」這番話讓我印象非常深刻，但我後來還是很喜歡亂跑，因為觀察到一些狀況就會「腳癢」，有些奇妙跑壘，也是因為亂跑而來，當然也有因此出局而被罵的經驗。

徐老師的身體狀況在二〇〇四年變得比較差，所以很多人希望他好好休養，但老師很想帶隊去打奧運。畢竟札幌資格賽是由他領軍，老師自己也很期待能在奧運創下佳績，堅持要帶隊出征。這也是台灣棒球在一九九二年後第一次重返奧運，棒球協會當然開始徵召旅外及職棒好手：投手陣容堅強，包括正值巔峰期、旅美的建民和「小曹」曹錦輝，旅日的張誌家、陳偉殷，中職各隊的王牌投手「嘟嘟」潘威倫、「阿福」陽建福和林英傑等人；打者則有旅外的金鋒、陳鏞基連兩年回歸，還有首度入選中華隊、效力於日職阪神虎的林威助，以及我們兄弟黃金三劍客和興農的三番刀等人，統統入列。這是我參加過有史以來最強的中華隊，棒協和徐老師也在賽前設定，這個陣容應該可以打進四強。

預賽七場中的第二戰對上澳洲，教練團派出建民先發登板。建民投的球太快，澳洲打者根本打不到，一直揮棒落空。我守右外野都站在靠近邊線，因為就算打成飛球也是飛到線邊，守備機會少到我和致遠在外野不斷盯著後面的計分板發呆。之後換上球速更快的小曹後援；建民均速有九十五、九十六英哩，小曹則是飆到九十七到一百英哩，我都覺得我們根本不用守備，讓他們獨秀就可以了。

原本按照老師的設定，我們帶著兩勝兩敗戰績，第五戰對決義大利就是全力搶勝，只要贏下來，基本上就已經半腳踏進四強門檻。隔天對上日本隊不論輸贏，都不會有太大的晉級壓力，因為最後一場對手是荷蘭，中華隊穩操勝算。由於之前熱身賽對戰義大利時，我們以二比〇擊敗對手，所以國人都抱著高度期待，連我們自己也不例外。

那場賽事由誌家先發，主投六局失三分，中華隊帶著三平進入七局下。一人出局後，我擊出了生涯在奧運的首轟、一發中外野陽春砲，比數再次領先，我們又看到了四強希望，只要守住最後兩局就可以確保晉級。沒想到，九局上半後援的阿福被對手打了一支兩分砲，這讓所有人心裡都瞬間涼了半截，最終我們就以四比五遭到義大利逆轉。

原本中華隊兩張王牌建民和小曹，被徐老師設定在四強首戰時登板，以他們當時全盛時期的身手和壓制力，預期至少可以追平一九九二年銀牌成績。無奈不敵義大利後，對上

恰恰珍藏著雅典奧運中華棒球代表隊的大合照，上面還有全隊簽名。

日本就有非贏不可的壓力，因為只要再敗就等同和四強絕緣，教練團只好再把僅休息四天的建民壓上場，再由小曹後援。這場比賽，最終在延長賽十局下半被對手逆襲，終場以三比四吞敗。總結預賽七場，中華隊三勝四敗，無法完成預設目標，所有球員都很自責。賽後徐老師集合全隊，安慰道：「大家不要再想了，回國後我會承擔所有的責任。」

在瞬息萬變的賽事中，徐總是我見識過暗號最多，又擁有千變萬化戰術的總教練。他知道在什麼時間點，運用戰術或下達指令，可以去影響對方的守備節奏，或者製造出自己贏球的機會，這也是他被稱為「鬼才教練」的原因之一。徐老師是我到目前為止，遇到過真正能夠「玩球」的總教練。

徐總帶領的雅典奧運中華成棒代表隊，是我代表台灣出征時「最被看好」的中華隊，也是離奧運金牌最近的堅強陣容，然而我們卻無法達成奪牌目標，每個人的心裡其實都非常難過。畢竟，從二〇〇三年起，大家就共同為了這件事在努力，當時甚至連中職都為了奧運放寬好球帶，但最終還是兵敗雅典，真的覺得非常遺憾。

最不被看好的中華隊

在選手生涯中，我入選過「最被看好」的中華隊，也參與過「最不被看好」的中華隊。二〇〇八年的「奧運八搶三資格賽」賽前集訓，是我見過最少媒體記者來採訪的代表隊。

由於前一年「郭總」郭泰源領軍的中華隊，在亞洲盃表現不盡理想，二〇〇八年改由「洪總」洪一中接任總教練，不過賽前徵召球員不大順利，不少旅美和旅日選手正值春訓期間，球團不願放人，於是棒協只好找來多位當時還未成名的年輕旅外小將和大學生加入。雖然林哲瑄、高國輝、蔣智賢和郭嚴文有被所屬的小聯盟球團放行，但陳金鋒和潘威倫都因傷所苦，無法出戰「八搶三」，所以很多人認為這是穩輸的參賽陣容。

比賽將在三月分進行，因此球隊自二〇〇七年職棒球季結束後，開始在台中洲際球場集訓，結果開訓當天，竟然不到十家媒體到現場採訪。那段期間記者很少來，有時連一位平面記者都沒有，或許是大家對旅外和大學小將很陌生，又認為搶不到北京奧運參賽權，對這支中華隊的關注度相對就不高。

加入這次的中華隊，對我個人而言，算是心態上轉變最大的一年。那年以前一起入選代表隊的隊友，幾乎都是同屆、同期或是相差兩、三歲之內的學長，就算有年紀比較小的球員入選，通常也只有一、兩個；二〇〇八年這批卻有一半以上小我們五歲，甚至是十歲以上。所以張泰山、「火哥」張建銘與我這幾個比較「資深」的球員，心理負擔其實不小，都有一種體認，希望自己可以當榜樣，幫小學弟們扛下壓力。

不過，幸好還有經驗豐富的大學長葉君璋帶領全隊一起參賽，由他鎮守本壘板，具備了穩定軍心的作用，而我們這些「中間分子」，就是盡可能打出自己該有的態度和表現。我相信君璋前輩的壓力一定更大，畢竟他是陣中最年長的球員。彼時已經三十六歲的他，和嚴文、哲瑄差了十六、十七歲，我們私下常開他玩笑說：「這些孩子差你那麼多歲，你都生得出來了耶！」想想，其實我在二〇〇二年入選中華隊時，也和當時的捕手洪一中前輩差了十七歲，果然一支球隊還是有老將存在的必要。

那次比賽過程真的很難忘，因為第一場在洲際球場對戰西班牙，外野根本沒球迷，內野觀眾席大概只坐了三分之一，但我們旗開得勝了。隨著對墨西哥和德國贏球，進場看球應援的球迷也越來越多，到第四戰對上強敵加拿大，觀眾不只擠爆內野，外野看台也都是滿滿的人潮！這場只要贏球，幾乎等同於把奧運門票握到手上，儘管最終和對手打到延長賽，以五比六、一分之差吞敗，可是比賽當中的激情，還有君璋的「昇龍拳」，不只提升了我們球員間的士氣，也讓更多球迷關注這支中華隊的戰況。

隔天，我們帶著三勝一敗的戰績，到斗六球場迎戰兩勝兩敗的澳洲隊。當時已經五勝在手的韓國隊，和只吞下一敗的加拿大，兩支隊伍都確定晉級奧運，所以我們和澳洲對戰，贏球的一方就能搭上末班列車。台澳之戰由「阿福」陽建福掛帥先發，我看他坐上車後一路都沒有講話。當然，通常先發投手都會這樣，可是在這趟前往球場的路途，特別能感染到全隊凝重的氣氛，因為大家都知道這場比賽是關鍵！

結果阿福完投九局，我們以五比〇完封對手，拿到奧運參賽權，這也使得最後一場儘管要對戰難纏的韓國，但已無關晉級，所以心情有種完全解放的暢快。從斗六球場出來後，要上高速公路返回台中下榻飯店，整段路都有去

中華隊在斗六球場迎戰澳洲隊。（簡政光提供）

看比賽的球迷，興奮地開車「護送」中華隊的大巴。沿途不斷聽到球迷高聲吶喊中華隊或球員的名字，讓我深深感受到——這是從零開始，由最不被看好，直到最後獲得最高榮譽的時刻。

本屆賽事中，阿福和「倪仔」倪福德都投得出色，小學弟們超齡、超水準的演出更讓我們驚豔；像是還在念大學的李振昌、羅嘉仁及鄭凱文，那年畢業比完奧運後，都相繼出國打球了。其實「八搶三」對全隊來說，壓力真的很大，畢竟是在國內比國際賽，我們都想打出好成績。當然壓力也會是助力，因為專注度和意志力會更強，而這次又越打越被重視，球迷也從一開始稀稀疏疏到後來塞爆滿場。我覺得關注度的提高，才導致全隊在關鍵戰役前，心情會那麼沉重，甚至還有隊友在賽事結束後去看了心理諮商。

回想起來，第一場球與對戰澳洲時的凝重度差不多；首戰時我們球員自己覺得外界不看好，所以亟欲奪下勝利，而台澳戰是非得搶勝不可。以一百分的壓力來說，第一場壓力大約是九十九分，最後一場已經破表到一百二十分了吧！壓力雖然不一樣，但投、打、守的表現真的都非常好。

這支「最不被看好」的中華隊，在同年夏天更換了幾名選手，再戰北京奧運。當時第一戰打贏了荷蘭，好多立委在賽後跑到選手村外，列隊等著跟我們擊掌；但第三戰輸給地主中國後，卻痛罵我們是國恥，反差實在很大。

北京奧運台韓大戰二局下，恰恰發揮拚勁衝本壘撞倒南韓捕手陳甲龍。

「兩岸情結」真的很奇妙。中國對上其他球隊幾乎都被「扣倒」（提前結束比賽），但對決中華隊時，每個人就像是突然得到超能力似的，專注力提升超級多。反觀我們面對中國隊，壓力反而特別大，因為完全輸不得！

那次隊史首度敗給中國隊，確實輸得有點莫名其妙，覺得棒球之神開了我們一個大玩笑。九局上我們以二比三落後，兩人出局，一、二壘有人，火哥打了一支場地規則的二壘安打追平比數，我隨後在二、三壘有人時上場對決投手陳坤。我揮棒時覺得有咬中球心、「阿嗟哩」很好，球卻直接打到陳坤身上；他下丘撿球後傳往一壘，讓我成了第三個出局數，比賽因而進入「突破僵局制」的延長賽。如果那時不是打中投手，而是穿出內野形成安打，我們就能取得領先了，所以我踱回休息區時，不禁懊惱：「也太衰了吧！」

十二局上半，我們攻下四分，眼看勝利在望，但下個半局卻風雲變色。中國追回兩分後，在兩人出局滿壘情況下，侯鳳連擊出一支右外野安打，中國隊已經有兩位跑者回到本壘追成七平；我飛撲後趕緊起身想做轉傳，但回傳球卻在一番波折後一路滾到一壘休息室前。待我和捕手陳峰民要再過去撿球時，中國隊已經迅速跑回超前分，逆轉獲勝。即便不甘心，但我覺得還是要稱讚中國球員的跑壘速度超快，每個人都拚盡全力衝刺，或許他們都是田徑隊出身吧。

其實對戰中國前一天，我們和日本隊的賽程被安排在最後一場，原訂比賽時間是晚間七點，但直到開賽時大雨還是下不停。由於中華隊隔天被排在第一場，早上十點半要進行「兩岸對決」，本來台、日雙方已經協調好，要將比賽延到休息日再戰，兩隊也向大會提出申請，但主辦國中國卻不肯受理，硬要台日戰當天打完，導致比賽延遲了一小時才開打。結果比賽結束都超過凌晨十二點，返回選手村時也已經一點多了，可是早上五點多就要起床，因為一早就要去球場熱身。

從選手村搭大巴到五棵松球場大約要一小時，上班時段北京路況又很塞，我們還需要提早出發，所以台日戰後，我回去沒有吃飯，只喝了高蛋白飲，三點多就趕快就寢。我應該是全隊最早睡的人，那天夜裡有去餐廳吃飯的隊友，像是智賢、火哥，他們回選手村時都已經清晨四、五點了。基本上大家頂多只睡一到三個小時，又馬上要出發準備比賽。

當然，不能都扯是中國賽程安排的關係，才造成我們輸球，但實際上我們也的確是拖著疲憊的身軀和他們比賽。競技場上就是成敗論英雄，我提出這件事，只是想表達曾有這樣的過程。或許有人會理解我們，有人不會，但我就是希望一吐為快！不過不管是最被看好，抑或是最不被看好的中華隊，兩屆奧運的名次都一樣，最終皆以第五名作收。

大賽番外篇

泡麵，是中華隊出國比賽「最好的朋友」！不管是參與亞奧運還是單項盃賽，中華奧會或棒協都會準備泡麵，讓代表隊帶出國，方便我們隨時充飢。

儘管亞運和奧運這種超大型國際綜合運動賽會，組委會都會興建選手村（奧運村），讓各國代表隊申請入住，村內也會具備餐廳、紀念商品專賣店等應有盡有的設施，但有的場所之間距離其實滿遠的。一些國家代表團會帶著廠商贊助的腳踏車，提供自家選手在奧運村使用，所以常常會看到選手騎車在村裡亂逛，其中贊助荷蘭的腳踏車廠商讓我印象最深刻，因為它是來自台灣的品牌。

我參加兩次奧運會，餐廳都距離住宿大樓很遠，尤其是二〇〇四年那次，光是到餐廳就得走三公里以上，所以有時需要坐接駁車去吃飯，但也得步行一段距離才能抵達候車地點。選手餐廳雖然會分五大洲食物區，提供選手多元選擇，可是亞洲區料理做得實在不好吃。再加上我們不習慣希臘食物，就算去餐廳也不會吃太多，因此那段期間最常光顧麥當勞，不然就是以泡麵果腹。那時光是棒球代表隊就帶了三、四十箱泡麵，早上懶得走太遠就吃泡麵，中午出發去比賽前也吃，晚上賽後回來再當宵夜吃。

雅典奧運時，徐生明老師的腳其實已經腫得非常厲害了，走路都一拐一拐的，因此要去吃飯時，我們會在一旁攙扶他上下階梯，完全可以感受老師非常希望能帶那次的比賽，並且贏得勝利的意志。他住在選手大樓三樓，球員住在一樓，有時他要上去，但電梯等太久，就會先到我們房間聊天，講他以前去文化大學讀書，以及為什麼後來去韓國打球的故事和經歷，也說了一些棒球的事情。

有些國家的單項代表隊由於經費充裕，會直接訂選手村外的飯店下榻，甚至還帶著自己的廚師和防護員，讓選手獲得更好的照顧。日本棒球隊就是其中之一，他們擔心日職球星們在奧運期間吃不慣當地料理的食物，以致引發水土不服的症狀，所以特地聘僱日本當地的廚師隨行，而且單單棒球隊好像就帶了十八位防護員。與日本或其他體育大國相比，我們的待遇和福利差距真的很大。台灣在慢慢有防護觀念後，左訓中心有時會派防護員跟著球隊出國，但如果隨隊的是女性防護員，在照護男性選手上多少還是有些不方便，因此有些賽事就沒有請防護員隨隊，真的有意外狀況，便只能依靠大會醫療小組了。

日本棒球隊是我看過紀律最嚴謹的隊伍。北京奧運時，有天我趁空去選手村商品店買紀念品，採買到一半，突然看到一群服裝整齊、排成兩列的選手魚貫走入，大約十幾、二十個人。定睛一看，竟然全部都是日本職棒的球員，他們特地從外面的飯店進來選手村買商品。當時住在村內的運動員，平常都穿著拖鞋、短褲「趴趴走」，我也不例外，想說反正也沒什麼人認識。沒想到遇到日本隊，他們進來看到我，知道我是台灣的選手，西武隊中島裕之等人還主動向我點頭打了招呼。我思忖：「哇！日職球員怎麼會列隊，還穿一模一樣的代表隊運動套裝，只差沒有踢正步齊步走，紀律也太嚴謹了，不知道他們會不會覺得我穿得那麼隨便？」

奧運這種綜合賽會，還會在選手村巧遇全世界各個項目最頂尖的選手。雖然我沒有「追星」的興趣，但我在職棒和中華隊的隊友「扁仔」蔡豐安，就是個標準「追星族」。雅典奧運那年我們甫進駐選手村，就遇到也剛入住的網球球后「小威」威廉斯（Serena Williams），第一次親眼見到她，覺得她好高、好壯。小威和扁仔身高差不多，全身布滿肌肉線條，腿應該比我們棒球隊上任何一位球員都還要結實。扁仔趕忙找她合照，不過我沒有帶相機，也不會想和這些名人拍照，所以那些畫面最後只能記錄在腦海中。

我們在選手村最大的興趣就是坐接駁車，有一次晚上沒比賽很無聊，我們兄弟黃金三劍客和鄭兆行，就坐公車逛了兩、三圈，再回去睡覺。那時沒有電視、網路和平板電腦，什麼都沒有，打發時間的方式就是一起坐車兜風，瞧瞧來自世界各國的人。某次站在公車上，旁邊站了一位短髮的俄羅斯網球女將，我根本不認識，但扁仔一眼就認出來。

扁仔可說是超級運動迷，各種比賽都愛看，他看到國際球星會一直告訴我那個人是誰。我們還遇到很多ＮＢＡ球員，不過最常看到的是阿根廷「刺客」吉諾比利（Manu Ginobili），因為他們國家隊集體住在選手村。美國夢幻籃球隊則是包了豪華郵輪住在村外，但偶爾全隊會下船到選手餐廳吃飯，我只知道其中幾個人的名字，像是「ＬＢＪ」詹姆斯（LeBron James）、「小艾」艾佛森（Allen Iverson）。那時扁仔一見到艾佛森，又想去拍照，結果被小艾撥開手拒絕合影。扁仔悻悻然回來座位後，碎碎念個不停，我覺得很好笑，就勸他說：「人家國際巨星，你是在跟人家比什麼啦？」之後也曾經遇到姚明，他真的長得好高！

北京奧運時，選手村的床很小，像我們這種身高的球員，腳伸直都會超過床沿，所以就去問志工有沒有比較大的床。他們表示：「沒有，大家都睡這種。」我說：「我就不信姚明也睡這種。」不料志工竟然回覆：「對！姚明也睡這種。他就把腳放地上，膝蓋以上躺在床上這樣睡。」我只好摸摸鼻子算了，畢竟都能說出這種答案了……或許姚明真的是那樣睡吧？

我在大賽中常常被抽驗尿檢，兩次奧運以及二〇一三年經典賽都被抽中。二〇〇八年那次才剛踏進選手村，床都還沒坐坐看，就被帶去檢測室，裡面全都是會講英文的中國人在擔任檢測員。那位負責人員從頭到尾一直用英文對著我講尿檢的流程，我就跟他說：「你可以講中文沒關係。」他竟回「我以為你是韓國人，既然會說中文這就好辦了」，害我差點沒暈倒。二〇一三年則是和古巴打完比賽後，我和古利耶（Yulieski Gurriel）一起被抽到，在那邊排了好久，

WBC中華隊出戰古巴隊。賽前中華隊員士氣高昂，為中古大戰做準備。

還順便看了一下日本和荷蘭的比賽。

二〇一三年在東京巨蛋進行的經典賽，各國代表隊就住在旁邊的巨蛋飯店。飯店地下室有個通道，可以直接前往球場。選手會先集合好後，再一起走進通道，然後進入一個有限制人數的閘門；經過那道有空氣壓力的閘門後，再穿過前方的連結通道進入球場。我對那條酷炫的通道，留下非常深刻的印象。

東京巨蛋可以容納五萬多位觀眾，當年的台日大戰應該是滿場。每次只要日本球星一上場，球迷的應援曲和加油聲感覺都要把屋頂給掀了。尤其是稻葉篤紀的應援方式，球迷會一直在觀眾席上跳動，在全場幾乎一起跳的情況下，我們守備時都能感受到地板的震動。我想，每個喜愛棒球運動的國家，球迷們在場邊加油的方法都不同，但這是第一次讓我深受震撼，也留下難忘的回憶。

經典賽隊長的遺憾

「二〇〇九年世界棒球經典賽」，是我成為職棒球員後，第一次成為國家隊的隊長。只是那屆賽會，我們繼前一年首度不敵中國後，又再次輸給他們，這也顯得二〇〇八年的滑鐵盧，更沒什麼好抱怨的，輸了就是輸了。在國家隊的後期，我心裡其實已經不會再去想被蛋洗這件事，反而對於身為隊長或是代表台灣去打國際賽，有更多、更重的責任感與使命感。

台灣棒球圈中的學長學弟制比較重，中華隊大都由陣中較為資深的學長擔任隊長，像二〇〇八年有君璋學長帶領我們，從他身上學習到不少經驗，也從中看到他是怎麼帶學弟的。二〇〇九年雖然換我成為隊長，但對我來說，就只是多一個頭銜，對於當隊長並沒有特別的想法，也不會因此有更多壓力。

我覺得當隊長這件事，主要還是看個性，以自己的方式帶著隊友前進，不必什麼都要管、都要做，有些事多管了反而會踩到教練團或其他管理階層的界線。那幾次賽事，教練團都非常注重氣氛和溝通，所以隊長的任務就是讓隊友們能有依靠，像是遇到年輕球員有些事不敢跟教練講，或是我發現一些問題時，都可以提供教練一些建議。

很多旅外的球員在短期盃賽期間，大致上不需要太多照顧和叮嚀，他們也會積極地自主訓練。至於訓練上的氣氛帶領，每隊自然都會有開心果，大家平時也就會多一點歡樂，不需要我特別去帶動。頂多就是在對的時間點，指點學弟們一些眉眉角角，或鼓勵一下就可以了。

不過二〇〇九年徵召仍舊出現很大的困難，很多人不打，有些球隊不放人，旅外選手也沒幾個回來。中華隊到日本參賽，首戰敗給韓國後，第二戰又以一比四不敵中國，以致吞下二連敗，提前遭到淘汰。不過中華隊唯一的一分，

恰恰與球隊展開集訓。

是旅美小將林哲瑄和蔣智賢接連安打後，我再補上一支安打所拿下的。

相較於二〇〇九年，二〇一三年的經典賽反倒比較難忘，因為這是我第一次以最年長之姿加入中華隊。那次又被選為隊長，或許是考量到我在國際賽表現都算滿穩定的。不過那時我已經三十五歲，長打率沒有以往那麼好，教練團又希望先發人選是長打率比較好的陣容，一開始並沒有將我列入先發名單。於是在熱身賽期間，我很少以先發身分守一

壘，如果擔任先發則是打DH（指定打擊）。

但擔任中華隊打擊教練的「威總」陳威成，認為先發打線應該要有打擊穩定性比較好的球員，期待我可以在陣中起到帶頭作用，因此強力推薦我進入先發陣容；正式比賽開打後，教練團便安排我先發鎮守一壘。直到現在，我還是非常感謝威總當時給的機會，自己最後也沒讓他失望，因為正式賽變成先發，心裡覺得比較輕鬆，反而能夠發揮自己的能力。短期賽事和職棒季賽不一樣，季賽可能有上百次的打擊機會，但短期盃賽如果不是先發，可能就只有一次或兩次的機會而已，反倒比較難調整。

我覺得那次的參賽陣容，應該也算是不亞於二〇〇四年雅典奧運那批「最被看好」的中華隊，畢竟首輪比賽是在洲際球場進行，備受矚目，棒協也徵召了王建民、陽岱鋼等旅美及旅日球員，實力自然不在話下。如果說二〇〇四年那時是建民的巔峰期，二〇一三年則是他在大聯盟東山再起的時刻。那次比賽讓我感受到投手的壓制性是非常重要的，如果有這樣的好投手在陣，大概占球賽勝負的百分之四、五十以上。我那時跟建民說：「你占了球隊輸贏的六成。」他回答：「這樣壓力也太大了吧！」

那次的比賽，我很高興建民和其他球員能回來為中華隊效力，尤其是建民於首輪再次封鎖了澳洲。晉級到第二輪八強分組複賽時，我們在東京巨蛋首戰就對上地主日本，先發投手當然又派上王牌建民，他也繳出主投六局無失分的好投，相信對日本隊的打者來說，建民確實是非常強的投手。無奈最終我們和日本鏖戰十局後，仍以三比四輸球。那次就算擊敗了日本，後面還得面對古巴和荷蘭，但如果可以「射日」成功，就有晉級決賽的機會。

第二天輸給古巴，吞下二連敗後，隔天全隊就打包回台，但出境時大家都沒預期到，無法直飛美國闖進決賽的我們，竟然可以讓大批球迷熱情地來桃園接機，甚至還有很多以前從沒見過的媒體也出現在機場。我從沒看過這樣盛大的場面，其實有點被嚇到，此時才深刻體會到「雖敗猶榮」這句成語。

這幾年在球場上只要遇到二〇一三年經典賽隊友，不免都會聊聊當時的台日戰，也都不約而同感嘆輸得很可惜。大家會提出很多的「早知道」，說當下若是多做些什麼步驟或調整，應該就可以獲得更好的結果。就我個人而言，我覺得身為陣中的隊長兼老大哥，應該在九局上我們的投手投到兩出局二壘有人、兩好兩壞時，上去喊個暫停，關懷鼓勵一下學弟，並緩和其他守備隊友心理緊繃的氣氛。但我卻忘了這麼做，因為我整顆心都被「再一球！守住這局，我就可以第一次贏日本」的情緒填滿，等到賽事結束後才想起，當時應該要喊暫停才對。這是我最自責的一件事。而我的國手生涯，也就在這次最經典的戰役後，畫下了句點。

WBC世界棒球經典賽第二輪複賽，中華隊在東京巨蛋以3比4惜敗日本隊，比賽結束時球員們看起來相當落寞。

WBC中澳大戰五局下恰恰揮出陽春砲。

WBC中澳大戰，中華隊以4比1獲勝，三局下恰恰奔回本壘為中華隊添第三分。

待在這支球隊久了，
一路和很多隊友、球迷一起為它努力過，
這些酸甜苦辣的回憶一一浮現，蘊含了濃厚的情感，
促使我決定繼續留在黃衫陣營。

6th inning

第六章

是我兄弟象

陰錯陽差披黃衫

二〇〇一年，我以選秀狀元身分加盟兄弟象隊。其實是一連串陰錯陽差，讓我成為「黃衫軍」的一員。要不是一九九九年三商虎隊突然宣布解散，不然原本應該是披上「藍衫」開啟我的職棒生涯。

我在一九九八年十二月七日入伍當兵，不久之後，三商虎隊的領隊陳玉書和「秋哥」林仲秋前輩就一起到我家拜訪；因為前輩有看過我在業餘時期的比賽，有意網羅我，希望我退伍後可以進入三商虎。對談過程中，我爸覺得他們展現了非常大的誠意，而且傳奇人物之一的秋哥親自登門，讓爸爸認為三商或許是未來加入職棒的首選。

經過幾次訪談，資源豐富的三商開出很好的合約內容，包含簽約金四百萬元，以及月薪十四萬五千元，因此和家人討論後，決定成為三商簽下的「逆指名球員」。不料，還沒等到我退伍，三商虎隊就在一九九九年底宣布解散！當時諸如黃信福、李宏裕和我的同學李志傑都決定要去三商，結果志傑加盟的第一天球團就解散了；早上剛報到、中午旋即「失業」，幾天過後居然領到了遣散費。坦白說，三商算是很有誠意，還有提供這樣的補助，若是其他球團大概就沒有了，所以往後我一直覺得三商沒能繼續經營球隊是滿可惜的事。

三商解散後，我被球探林俊成推薦給中華職棒聯盟，變成聯盟的培訓球員。當時聯盟為了擴充選秀兵源，有授權經紀人或球探居中牽線介紹，找一些業餘好手進來中華職棒，我就是以這樣的方式前進中職選秀會。那時其他四隊（兄弟象、統一獅、俊國熊及和信鯨）都沒和我談過，但林俊成告訴我：「被兄弟選中的機率應該很大，待遇或許沒那麼高，但人氣會是最好的。」

我原先並不想那麼早打職棒，因為林華韋校長希望我先留在業餘隊，好培訓我參加二〇〇一年世界盃棒球錦標賽，等賽會結束後再投入中職選秀會；只是由於家裡的經濟問題，最後我也沒有參與世界盃，反而提前去選秀了。那段時間台灣職棒大聯盟也曾和我接觸，但球界長輩及我爸的教練朋友，都曾聽說這個聯盟即將解散的傳聞，感覺比較沒那麼穩定，所以審慎考量之後，我還是決定加入中職。同期從國軍隊退伍的莊旻哲、鄭昌明和陳榮造等人，差不多都已經被中職球團逆指名，不然就是像黃欽智一樣被台灣大聯盟網羅。

原本聯盟沿用三商的價碼，簽下我成為培訓球員，選秀會後兄弟象隊也應該承接這份合約。沒想到球團卻突然調整內容，簽約金砍至兩百五十萬、月薪降為九萬元；後來我爸親自去和洪瑞河領隊溝通，雙方才各退一步，談到簽約金三百三十萬、月薪九萬五千元。如此這般，我在二〇〇一年一月六日加盟兄弟象隊。

其實從一月三日開始，我已經跟著球隊在兄弟象的龍潭練習場一起春訓。剛入團的那個星期就遇到發薪日，當時大環境不好，全聯盟各隊都在「共體時艱」，大部分球員都有被降薪的心理準備，只是不知道到底會多慘。發薪日早上，管理「賴桑」賴永輝趁著練球空檔發薪資袋，我才剛談妥合約不久，知道自己月薪就那樣，因此並不會興奮到想立刻拆開職棒生涯第一個薪資袋。不過當下很多前輩忐忑不安地撕開信封，透過小縫「瞇牌」，希望薪水條上的數字不要和自己想像的差太多。可惜事與願違，很多人看完後非常失望，滿肚子火地把薪資袋撕破。基本上，大家的薪水都被扣很多。

像「老大」王光輝前輩，他見到自己的薪水條後，馬上發難：「不打了，我要回去了。」然後把裝備整理完就走了。他那年的月薪被扣了百分之四十四，是該年被扣薪幅度最大的球員。隨後吳柏勳、王崇耀、洪德芳等好幾位選手也都跟著離開球場。比我早退伍的志傑在前一年季中加盟象隊，下半季他打得很好，再加上本來薪水就不高，他認為應該會加薪，所以他就說要等其他人都看完，他才要「開獎」。最後雖然不如預期，但總算有被加了一點點；他的心情沒有特別難過，卻也沒有很開心。

當時日籍教練榊原良行認為選手沒心情練習，硬練也不會有效果，就透過身兼翻譯的吳思賢教練說：「這兩天休息好了，不要練球，大家在營休假。」其他前輩便收拾了球具，回到三壘側休息室後面的宿舍，只有我和志傑兩個人留在球場，拿著球去本壘後方打T、打網子。接下來兩天，全隊僅有我們兩個在練習，我想可能是志傑在整支球隊裡面，「薪情」勉強還可以，所以還有心思練球。過了幾天後，負氣離隊的前輩們才陸續歸隊。

雖然大部分隊友在那年多少都被扣了薪水，但後來一、二代象的前輩還是會調侃我：「都還沒打到球，才進來就先被扣薪，連簽約金都被扣。」但沒辦法，大環境不佳，球隊資源本來就不同，但至少我還是靠著這筆簽約金，稍微緩解了家裡的經濟危機。

三代象群之間的化學效應

向球隊報到後，我旋即前往兄弟象位於桃園的龍潭練習場進行春訓。菜鳥入團的第一天，自我介紹當然是免不了，不過加入黃衫軍，陣中有不少同樣畢業自美和的學長和同學，在人際關係的適應上確實簡單很多。

春訓時，大伙兒就住在球場三壘側休息室後面那棟宿舍二樓的大通鋪，有時連參與棒球營的小學員也和我們一起睡，但只要營隊要用球場，就得空出來讓他們優先使用。學長們常開玩笑說：「一軍是大老闆，二軍是夏令營、冬令營的小朋友，三軍是我們。」因為舉辦棒球營是賺錢的，但經營職棒卻是賠錢的，雖然當時中職還沒有二軍制度，但我們都笑稱自己是三軍。直到幾年後，球隊的春訓才讓球員住進球場邊的小木屋。

我剛進球隊時，陣中有三位年紀超過三十五歲的「資深球星」，包含一代象的「老大」王光輝、半年後升格成「盜總」的「盜帥」林易增，以及因為三商解散而在二〇〇〇年加盟兄弟的「劉一刀」劉義傳。這些前輩基本上和我這隻菜鳥沒有太多交集，但對我而言，當時已經四十一歲的林易增就像是「最熟悉的陌生人」，因為他和鄭百勝教練是交情比較好的朋友，鄭教練以前有時會聊起他，所以進球隊前我就對他印象深刻，當然更榮幸可以和兒時敬佩的球星同隊打拚。

那時榊原教練訓練我們做基本動作時，有些項目真的非常累人，但盜總會跟著我們一起做；當然他不會完全做完，但還是盡力而為地執行。大家在練體能時，他也會加入一塊兒訓練，我看著他，訝異地想：「這位老大哥已經四十歲了，還有辦法這樣操？」盜總是很逗趣的人，明明腳程已經下降了，卻還要跟我比誰跑得快，不過第一次「賽跑」，他的速度沒有我以為的慢，著實讓我大吃一驚！我觀察到，盜總十隻手指頭像爪子一樣，第一節關節都無法伸直；後來他告訴我，因為滑壘時指尖都會撞擊到壘包，手才會變成那樣，這也令我油然生出對他的欽佩。

總的來說，這些一代象的隊友，在我進入職棒初期，幾乎沒有主動指導過我。有時候狀況不好，除了聽從教練指示做調整，在兄弟對上統一或興農的比賽時，反倒是羅敏卿、陳政賢和林仲秋等幾位前輩，會分享一些經驗或提點我可以怎麼做，讓我受益良多。直到現在我到了盜總他們當時的年紀，才終於能夠理解他們為什麼不在「隊友時期」指導我。畢竟那時像林百亨、吳思賢等教練，都差不多和這幾位還是球員的前輩同期，為了避免越權造成不必要的誤會，所以他們基本上就是把自己分內的工作做好，不會對我們這些小老弟多說什麼。

雖然和一代象球員的交集不多，但二〇〇一到〇三年仍一起完成了「三連霸」，所以我們這批「年輕人」，就成了球迷口中的「二代象」。我剛進球隊時，和從小一起長大的李志傑感情很好，甚至還會一起加強訓練，一開始我也會請教他加入職棒的心得。至於「脫仔」林明憲、「振仔」陳瑞振和「瓢仔」許閔嵐，則是比較照顧我的三位學長。瓢仔雖然不是「美和幫」，但他和振仔本來就有好交情，再加上我們兩個初期算是「板凳盟友」，之後就變成不錯的朋友。

賽季開始後，我們的宿舍就換到兄弟大飯店旁的大樓，兩個人一間房，空間其實不大，能走的通道大概都放滿了球袋和器材。球員常常聚在房間外的交誼廳泡茶聊是非，或交換對比賽的想法，互相溝通了解。彼時飯店的員工餐廳也提供選手餐點，我和室友脫仔，以及振仔和瓢仔，四個人在吃飯時間會固定去報到。當年我規劃月薪，每個月只給自己一萬五千元的零用錢，其實沒有太多運用錢的空間，所以有時去外面吃飯，學長就會自掏腰包請我。二〇〇一年七月十九日，我擊出職棒生涯第一支全壘打那晚，振仔、瓢仔和吳聲武，三位學長甚至在遼寧街鵝肉城，為我辦了一桌「四人慶功宴」。

從業餘進入職棒，確實需要一段適應期，像以前在業餘時期，可能可以輕鬆打到一些投手的球，但剛進職棒時面對同一位投手，他們的球路卻讓我打不到了。藉由振仔和瓢仔適時分享他們的觀點，我發現別人也同時在進步升級，因為這些投手為了能在職棒生存，不僅學習更多球種，進壘點亦會練得更準，球質自然和業餘時期投出的大不相同。

當然，「人不輕狂枉少年」，練球、比賽之餘也是需要娛樂消遣；大家年輕時最常去唱KTV紓解壓力，而脫仔不管到哪兒都會帶著我一起。年紀相仿的還有「阿力」王勁力，我們感情不錯，時常玩在一起。我覺得阿力真的是一個認真的奇才，從練習生起步，苦練到讓球速提升至將近一百五十公里。很可惜後來的他有自己的想法，沒辦法好好延續職棒生涯。

至於在球團包裝下，和我共組「三劍客」的陳致遠和蔡豐安，那段期間不管國內外比賽，我們三個人幾乎都形影不離。「良性競爭」讓我們不論是感情還是球技，都更上一層樓，當然和他們之間就有更多難忘的記憶。我們這些「二代象」的成員，大部分也都很感謝「衣 sir」

衣sir應該是史上最忙碌的防護員，對恰恰來說，他也是二代象重要的「隊友」之一。（衣思訓提供）

體育節目至屏東美和中學拍攝「二代象美和幫」專題。（簡政光提供）

二代象的隊友們至今仍會聚餐敘舊。（衣思訓提供）

衣思訓，他應該是史上最忙碌的防護員，而對我來說，他也是二代象重要的「隊友」之一。

衣sir雖然是防護員，但他身兼很多職務，既要做洋將的翻譯，有時還得充當「輔導老師」，化身為我們傾訴的對象。除了上述「業務」，衣sir還需要負責——租片。當年轉戰各地，移動都得坐大巴，他就會去租片讓我們在大巴上觀賞。三連霸時期，大巴上最常播放的電影是《少林足球》，大家看了大概不下五十次。這部片簡直像被球隊買下來了一樣，每逢球隊陷入低潮，衣sir就會租給我們看，所以二代象的球員一碰面，常常會搬出一些經典台詞。「透抽」許誌為（現改名為許晧銘）尤其厲害，所有台詞都記得；他和「吳傳」吳俊億兩個人的話匣子一打開，可以從頭到尾都像球評一樣，一直講不停。

管理「賴桑」賴永輝和衣sir一樣，非常照顧我。報到的第一天，賴桑在倉庫裡翻出一枝日本品牌的球棒，說這枝是李居明前輩以前的球棒，叫我拿去練習或比賽時使用，如果打斷了再拿「球棒屍體」去換一枝新的。現在球團一次都訂好幾枝，資源不虞匱乏，環境的改變真的不可同日而語。後來我成績越打越好，也比較常上場，他就會多拿幾枝球棒讓我用。成為職棒二年級生那年，他拿了一枝自己珍藏的日本青木製球棒送我，勉勵道：「恰恰，這枝球棒我留很久了，是職棒二年時買的，現在送給你，繼續加油喔！」時至今日，青木製球棒都只留在日本職棒了，可見真的非常珍貴。我也相信自己後來的表現，沒有令疼愛我的賴桑失望。

在我們完成三連霸之後，每年都有新秀進來，我也慢慢從菜鳥變學長。那時經濟上比較許可，我又回到小時候闊氣的彭政閔了，有時會請學弟們吃飯、唱歌。在球場上，我會適時地給予指導和鼓勵；回到宿舍後，我也不吝分享場上發生的狀況應該怎麼處理比較好。但後來卻在二〇〇九年球季結束後才知道，有些學弟竟然被外力影響而誤入歧途，讓我感到非常惋惜。

二〇一〇年球季，球隊大換血，內野手全換人了。該年球隊在這些「新血」的奮戰下成功封王，他們就被球迷稱為「三代象」，像是「紅龜」陳江和與王勝偉，都屬於這一梯的球員。那時到洲際球場比賽，我們三個和轉隊過來的「大頭」黃仕豪（現改名為黃泰龍），四位內野手會齊聚在小房間裡談天說地，交情也越來越好，我偶爾就成了他們開玩笑的對象。大頭和紅龜很敢跟我胡鬧，勝偉則比較不敢，但紅龜是一個懂得尊師重道的學弟，很多小細節都會幫大家處理好。後來脫仔受傷改任教練之後，紅龜就「接任」成為我的室友，我們也成為無話不談的好友。

隨著職業生涯的延長，隊友和我的年紀差距也就越來越大，感觸最深刻的時間點，是在二〇一三年陳子豪進入球隊時。子豪比我小了十七歲，這讓我想起二〇〇八年「八搶三」集訓時，我們這群毛頭小子取笑葉君璋學長的往事。許多回憶如今還歷歷在目，怎麼才沒幾年，自己也面臨同樣的狀況？那時首度覺得震撼，也驚覺自己終於「上了年紀」了。尤其這批網路世代的年輕球員，很多東西都會透過社群網站分享，以致我們「老人家」就得格外小心翼翼，不然三不五時就會被詹子賢等小將「偷拍」上傳。有時覺得有點恐怖就是了。他們也會上「谷歌」（Google）搜尋教練和學長以前比賽的照片或影片，再故意逗弄我們一下——或許這是現在年輕一輩親近學長的管道和方式吧。

儘管每個世代在想法和觀念上都有點不同，但身為隊友就是一起打拚。當然，變成陣中最年長的球員，在對的時刻，我還是會不吝嗇地鼓勵小學弟，但遇到不多說的時候，是因為有些事，必須自己去體驗、去學習。我們以前也都是這樣一路跌跌撞撞走過來，沒有學長會多說什麼。很多時候受傷了，不管是身心靈各方面，都要鍛鍊自己有跌倒後再重新站起來的力量。我想，這就是在現實的運動競技舞台上，成長茁壯的必經過程吧。

教練對我的影響

很多資深兄弟迷心中最偉大的教練，應該是「教官」曾紀恩前輩，但我進入球隊時，他早已擔任副領隊，沒有執教了。早期比賽時，球團不會準備太多食物給選手吃，所以他常常會帶一些食物到球員休息室，讓我們在賽事進行的過程中補給一下營養。他到球場時，總是用他響亮的拍手聲或說些話來激勵士氣，儘管他的鄉音很重，常常聽不懂他在說什麼，但還是可以給我們這些後生小輩很多能量。

我進象隊的第一任總教練是林百亨前輩，但開季不到一個月，就換「盜總」林易增接任，不過對我影響最大的則是日籍的內野教練——榊原良行先生。榊原教練算是更早期、老一輩的日本球員出身，所以在他的觀念裡，一直秉持著傳統的日式做法，以「量」作為訓練方針。

在我職業生涯首度參加春訓的第一天，榊原教練初次見面就「警告」我：「之後會很辛苦喔！要有心理準備。」隨後，「榊原魔鬼訓練營」就此展開。我的心理準備都還沒完全做好，那天練完果然軟腳，眼看宿舍明明就在球場邊，卻好像在千里之外；爬上二樓更是舉步維艱，「鐵腿」鐵到快跌倒，覺得樓梯的每一階怎麼都這麼高，尤其是下樓時特別酸痛。後來我們發現，用「逗退嚕」（向後退的台語發音）的方式下樓梯最舒服，所以那個月基本上大家都採取「倒退下樓法」。

春訓期間，熱身完都要做一些基本的內野動作和下盤肌力訓練，當時我都和榊原教練及吳思賢教練一組，他們把我這隻菜鳥盯得很緊。榊原教練有一招，就是要我蹲馬步，直接兩腳跨坐在我的髖關節上。有一次我實在被他壓到腿酸得不得了，索性直接把他整個人抬起來。

對我們那個時期的球員來說，滿慶幸可以獲得榊原教練的指導，因為他在當選手或剛開始執教的階段，日本的球場還沒有那麼好，所以他以同樣的訓練模式和思維教我們。像是接球的方向或守備觀念，其實剛好都非常適用於台灣的球場，畢竟當時台灣的場地幾乎都滿陽春的，很多都還沒有改建，大概和日本有二、三十年的差距。

進職棒初期，他拋T（拋球給打者做打網練習）讓我練習打擊，還要我把心裡的憤怒和壓力都發洩出來，即使罵他髒話也沒關係。我就一邊打T一邊罵他，但他卻一副被罵得很開心的樣子；我越罵他越高興，而且越拋越多，我也只好跟著越打越多。或許他是在訓練我的意志力，也可能是他有感受到我設定了一些目標，卻因為想法太多而發揮不出該有的實力，所以才希望藉由這種方式來激發我的潛能。總之，被他這樣操練過，讓我後來在面對很多難關時，都會自然而然激發出想要突破的決心和毅力。

有一次在台中棒球場比賽，他單腳跪在球員休息區面向球場的階梯上。當時「脫仔」林明憲被三振，下場後生氣地把頭盔往地上摔，但力道太猛以致頭盔反彈，直接命中榊原教練的嘴，害他當下牙齒掉了還流血。我們都覺得脫仔死定了，沒想到榊原教練卻很開心地對脫仔說：「就是要有這種不服輸的精神！」我心內咕噥著：「教練是瘋了嗎？被打到流血，沒生氣就算了，竟然還去鼓勵人家？」他後來只拿了衛生紙壓住嘴邊的傷口，也沒想要去休息室止血，還繼續留在場上看球。也許，這就是所謂的日本武士道精神吧！

我們在二〇〇四年有挑戰中職史無前例四連霸的機會，那年十月三十一日的下半季最後一場例行賽，對於很多兄弟象和興農牛球員來說，肯定非常難忘。當天下午，牛隊在天母球場對戰誠泰Cobras隊，我們則是晚間在新莊出賽。由於牛、象兩隊沒有勝場差，但牛隊勝率僅僅高了千分之三；只要他們輸球，我們擊敗對手La New熊隊，就能夠連續四年闖進總冠軍賽。所以那個下午我們全員無心練球，全都擠在新莊球場的球員休息室看轉播，一面倒地幫誠泰加油。九局上，誠泰追到僅差一分，結果電視機前的我們，眼睜睜看著牛隊「阿福」陽建福對楊睿智投出再見三振，整個球休瞬間鴉雀無聲、氣氛降到冰點。隨後，榊原教練集合大伙兒精神講話：

> 現在，你們知道每一場比賽的重要性了吧？一百場例行賽，只要多一、兩場不要放鬆，我們就不用在這裡看別人封王。棒球之神其實都一直在關注著我們的表現。

榊原教練在台灣執教的期間，讓所有象隊球員深切感受到，他希望我們秉持不服輸和堅持的態度去面對每一場賽事。我覺得二代象的精神，其實大部分都來自榊原教練，所以幾乎所有二代象的球員都很感謝他當年的指導。

至於台式棒球，其實和日式風格差異不太大。像盜總他們在球員時期接受的棒球觀念和訓練模式，也都偏向日式球風，因而盜總接任總教練後，也同樣採取信任野球的方式，信任先發或他派出去應戰的任何一位球員。

盜總因為擁有一雙飛毛腿，選手時期非常喜歡盜壘，但他當教練後卻很少主動下暗號要求我們「偷跑」。比賽時他會下達「打代跑」或「短打」的戰術，但基本上他希望壘上跑者自己抓起跑的時間點，這對在場上屬於 freestyle 的我來說，可以自由發揮是很開心的事。盜總完全信任球員臨場的判斷力，當然有時誤判變成出局數，或在不好的時間點盜壘，他事後也會提點我們應該怎麼做才對。

盜總曾經跟我說：「希望你在當選手的這段期間，要去留意每一任教練或總教練的教導風格。不管是好或不好，以後如果你成為教練時，都可以用得到。」盜總當年為何跟一個職棒二、三年級生說這樣的話，我不得而知，但他跟我聊過之後，讓從小就喜歡觀察場上各種狀況的我，開始會稍微留意教練下達的戰術或調度方式……不管是母隊還是其他隊伍，甚至是國際賽遇到其他不同球風的國家，我都會關注一下。

在我的職業生涯中，盜總不是第一位從隊友變成總教練的前輩。日籍投手中込伸曾是二代

不管是打擊練習還是守備練習，恰恰都是一貫的全力以赴。

象三連霸期間的隊友，亦是我首度遇到投手出身的總教練，而我也從他的指導中，學習觀察不一樣的投手調度方式。中込伸很清楚投手的分工，我那時才知道，原來投手還有敗戰處理和勝利組之分。

中込伸個性相當海派、開朗，總是和大家打成一片，擔任總教練之後，只要球員表現好，他也不吝給與獎賞。贏球時除了記者選出的單場MVP，他通常會再挑選一位有貢獻的選手，將自己的獎金當作「特別賞」，並在全隊開會時「頒獎」。中込伸是個願意適時鼓勵球員，又會幫球員爭取權益的總教練。

其實，黃衫軍的團隊球風，在榊原教練的指導下，一直沒有太大的變化。後來隨著一些旅美球員陸續返國加盟，球隊開始聘請來自美國的教練加入團隊，才讓我更想進一步了解美式的訓練方法。二〇一七年年初，我透過郭阜林和王建民的經紀人張嘉元的介紹，前往美國芝加哥的「FASTBALL USA 棒球學校」進行自主訓練。一方面自己從來沒去國外「遊學」，很想去見見世面；一方面則是希望可以從中學習打擊運動力學的概念，看看是否可以有助於長打能力的回春。

這趟學習之旅收穫豐碩，讓我發現訓練方法可以自己去研發創造，因為只要原理和方向是對的，就可以制定一套符合自己需求的訓練模式。美式球風的創意化，確實讓我體會到不同棒球文化的優點。

職棒生涯的心態轉折點

當一個人從高峰落到低谷，遭遇職涯上的挫折時，心境難免會陷入低潮。其實從我的經歷來看，只要試著轉換心態，就會發現這些轉折點能夠變成一股驅動力，逼使自己成長茁壯，或更清楚人生的方向！

很多人為我叫屈，說我剛進職棒時不被教練團重用，但我反倒覺得教練們是希望我完全做好準備再上戰場。我依稀記得，第一次參與春訓時，在某次打擊練習中，林百亨總教練似乎跟榊原教練提到我有把球打往反方向的能力。我聽不懂教練們用日語說了些什麼，只見林總的手勢比了比右外野，表情滿開心的，但榊原教練似乎不以為意，認為還要再多加訓練。

我的菜鳥年開幕戰，是在新莊客場對戰和信鯨，直到週六的第二戰我才獲得代打機會，但沒有任何表現。與鯨隊系列賽三場，球迷人數遞減，週日再次代打，現場應該只有一千人左右。二〇〇一年三月十七日是我跟著球隊征戰的第五場比賽，適逢「盜帥」林易增前輩的引退日，我第一次看到新莊球場湧進這麼多球迷，現場坐了六千多人，比開幕戰多了一倍。那天，是我人生中第一次參與「引退賽」，也首度見識到一代球星的引退儀式。當時的看台護網還是鐵網，很多球迷直接趴在那裡哭得一把鼻涕、一把眼淚──「盜帥」的球星身價，就是在這一刻完全展現。那一幕直到現在還令我記憶猶新。

隔週「盜帥」升格成「盜總」，而我依舊持續代打，直到四月十二日才第一次獲得先發機會，但兩個打數都被三振。四月二十一日生涯第三度先發，狀況更加慘烈：四個打席中，一次被保送，其他三個打數統統吞K。當我領到第三張老K，灰頭土臉踱下場時，有一位球迷直接在看台上開罵，而且罵得超凶。球賽結束後坐上大巴，自己早已因為表現差勁而煩悶無比，哪知從新莊回宿舍的路上，盜總一直「虧」我：「你以前有打過球嗎？你怎麼會打不到球？我很懷疑你有沒有打過球？……」他一路上都沒有罵我，只不斷笑笑地虧我，但一想到挨球迷罵又被盜總酸，我的心裡實在難過不已，眼淚就忍不住掉了下來。盜總見狀，仍繼續念：「我才講兩句就哭了？」

雖然教練們都努力激發我的鬥志，但或許也讓我施加給自己更大的壓力，實力始終發揮不出來。所以整個上半季，我被排進先發名單不到十次，大部分都以代打的角色登場，打擊率才一成多，但由於象迷的加持，我還是獲選為明星賽先發一壘手。當時「明星紅」同隊的學長和同期的國軍隊友給我不少鼓勵，讓我在明星賽打得比例行賽還要好。

那年陳致遠在季中選秀後加盟，對我產生了很大的助力。我們一起在國軍隊打過很多比賽，隊上終於有一位讓我感到比較熟悉的「戰友」。畢竟球隊裡雖然有不少美和畢業的學長，但由於屆數不同，進職棒前基本上未曾一塊兒出賽，比較缺乏共同奮戰過的情感。致遠在業餘時期的知名度就很高，球團對他期望很大；他於七月十九日的首次出賽，就扛起先發第三棒，處女秀首打席立即有安打演出。我那場仍舊代打上陣，但看他表現那麼好，油然激發自己也不差的拚勁，於是就在那天，我的生涯首轟出爐了！

從那之後，我的打擊手感開始好轉，自二十六日起，我獲得了固定先發的機會，就算偶爾代打也會建功。八月一日在新竹球場面對和信鯨隊的宋肇基，原本我敲出了生涯第二支全壘打，也是唯一一次的代打紅不讓，結果竟被裁判誤判沒收，變成一支二壘安打。當下當然錯愕，但也無可奈何，畢竟當年沒有電視輔助判決，不然就不會形成「消失的全壘打」了。總括來說，下半季我的打擊表現越趨穩定，該年總冠軍賽個人成績也不錯，自此教練團就把我放在中心棒次。感受被信任時，心裡的安定感更充足，也知道該如何努力去達成自己的目標了。

到了隔年，「三劍客」成形，我對於球隊的責任感和榮譽心，從此更加強烈。既然被賦予那樣的名號，又位在中心打線，三劍客都覺得必須扛下重任，一起拚得更多勝利。那段期間，由於在國內例賽成績平穩，再加上年輕備受期待，所以二〇〇二年去參與國際賽前，我其實信心滿滿，結果表現卻不盡理想，這才明白自己還有很多技術需要學習。

後來再去參加奧運，就會希望能夠完全展現自己的身手，藉以證明我們台灣球員不比一些亞洲或其他國家的選手差，只是我們環境沒有很好，不然也應該值得跟他們一樣的薪資水準、享受更好的待遇。所以兩屆奧運會，我都督促自己好好發揮，例賽時就積極調整，於是那兩年成為我打擊率維持在四成最久的賽季。

在二〇〇四年雅典奧運前一個月，大概是我生涯中出席活動最多的時期，也是最疲累的一段時間。那個月接了超過二十個活動通告。包含團隊一起參與的球迷擊掌打氣會等等，印象中每天都有活動，有時連例行賽前都要先去跑通告，放假期間一天也至少有兩個活動得去參與。這被忙碌填滿的一個月，讓我深深體悟到球星不僅需要被塑造，也必須付出相對的努力，才能擁有那個價值。

二〇〇五年人事上的變化，導致「變電箱事件」發生，我才發現不是所有事情，都能夠由自己一肩扛起。那時爸爸告訴我：

一個人有一種想法，一百個人就有一百種想法，為什麼要在意或想去改變別人的想法？

其實當下我沒能完全領悟老爸的一席話，所以隔年季中「扁仔」蔡豐安離隊後，大家開始討論「誰能夠當彭政閔的下一棒來保護他」？我偶爾仍會陷入「是不是要當最好的球員，並且一直保持頂尖」的迷思。

後來陸續有幾位二代象成員轉任教練，當時我沒有意識到自己還是球員身分，在表達想法和意見時可能發生過一些越權的行為。如今回想起來，或許自己的語氣和態度沒那麼好，所以容易造成一些誤會。直到現在我還是認為，這是我職業生涯中犯下的一大錯誤，因此我慢慢地學會了做自己該做的事，盡好本分再全力以赴就好。

這段時期還爆發外力干擾球隊的嚴重狀況，使得二〇一〇年的陣容幾乎是重新洗牌。我想起老爸那番話，突然有種恍然大悟的感慨，但當時又認為自己應該肩負帶頭的作用和責任，必須以最好的狀態來帶領學弟們打拚，更不想讓還願意進場看球的球迷失望，所以一直督促自己應該要有水準以上的表現。最終，這批「三代象」的學弟們都很爭氣，奮力奪下了總冠軍。

那一年，葉君璋學長加入兄弟陣中，有次他和我分享了這麼一句話：

不要把自己想得太重要，但也不要把自己想得不重要。

或許正值球隊和環境的氛圍改變，他感受到我給自己很多無形或不必要的壓力，所以才這樣叮嚀我。雖然我一直把這句話放在心上，但沒有多去揣摩其中的含義。

三十五歲那年的「二〇一三年經典賽」，可能是我進職棒以來，最多人關注和認識我的一年。那段期間我似乎有些迷失，曾覺得自己不可一世，可是後來發現年紀因素使得狀況有所落差，身體不再像雅典奧運前二十六歲的自己，就算面對疲勞低潮還是可以把成績保持在高峰。二〇一三年，藉由這一場國際賽，三十五歲的我終於驚覺維持身體狀態，已經沒那麼容易了。

往後幾年，陣中一一補進可以分擔進攻責任的新血，別人也開始對我的未來有些想法，甚至對我的表現指手畫腳，擺明表示「你厲害是你以前的事」。每當聽到這些冷言冷語，心裡當然會難過，一度也無法調適，更意識到人生確實不簡單。但反過頭想想：不僅是我，所有人都避免不了馬齒加長導致體能狀況下滑的問題，只是早晚而已；或許我也該早一點去適應職業運動的現實面，在心裡放自己一馬。

後來我回頭檢視，那幾年一直逼自己維持高檔水準，成績反而沒有那麼理想，不然就是一遇到批判，就會開始鑽牛角尖；這才參透君璋前輩的提醒，也用這句話勸自己不要那麼自責、壓力不用那麼大，有些時候一笑置之才會比較自在。一直以來，待在這個圈子裡面，腦袋光只想著棒球，沒考慮其他層面的事，所以往往會迷惘、犯錯。隨著年紀增長，我總算知道自己該怎麼應對。

現在的我，已經返回最初的原點，時常告誡自己：「盡己所能把本分做好，不要去計較自己一定要做到最好。」所以在引退這年的春訓之前，我一直跟自己對話：

盡情享受最後一年的棒球時光吧！畢竟自己打了三十幾年了，真的是苦過來的，所以要好好享受還能在場上奔馳打球的日子。

講是這樣講，不過事實上有時真的很難辦到。尤其當遇到團隊或自己表現不夠理想時，還是會有很多顧慮。

我想，棒球之神似乎不願意讓我簡簡單單地去享受比賽，過程中還是給了我一些考驗，但也許，在我卸下球員光環的那一瞬間，過去所有的苦澀，都會凝聚成生命中最甜美燦爛的一頁。

2009年10月4日，香檳灌頂，慶祝生涯900安。

2010年8月18日，恰恰達成千安里程碑。

百萬象迷的世代變遷

剛進職棒時，一心只想著如何把球打好，希望自己每年都有穩定的表現，不會特別去思索和球迷互動、回饋球迷這件事的重要性在哪裡。其後隨著資歷增長，經歷過一些低潮，才漸漸感受到來自球迷的鼓勵，有時會帶給我突破瓶頸的力量。

加入黃衫軍不久，就感受到之前球探林俊成說「待遇或許沒那麼高，但人氣會是最好」的意思。一開始，有幾位球迷是因為喜歡兄弟象，才間接認識了我，在新人球季還沒有打出成績時，他們就不斷地給予鼓勵和支持，過了兩、三年後，他們還主動幫我成立了後援會，在球場或網路上，跟其他球迷分享一些我的相關資訊；在某些特別的時刻，我想和球迷分享心裡的想法時，則是寫好訊息再請他們代為轉貼到後援會的「板子」上。畢竟對於網站的經營，我著實不懂，平常也沒有使用網路社群，所以都由後援會成員代為管理。現在有些後援會的資深成員都已經結婚生子，從球迷變成我的朋友，偶爾還是會彼此關心聯絡。

而第一位令我留下深刻印象的球迷，我在業餘時期就已經看過他，但由於不認識，也沒說過話。在我成為職業球員後的首度遇見時，他主動告訴我：「選秀會前，我有跟洪老闆說過一定要選你進兄弟。」本來對他的話還半信半疑，但之後我親耳聽洪瑞河老闆提到：「有位球迷叫我一定要選你，他也是我們決定要你進來球隊的關鍵因素之一。」我想，或許是因為他常常去看業餘賽事，相當了解並肯定我的能力，才會推薦我吧？

初出茅廬的我，除了這幾位球迷的溫暖關照，對於象迷表達方式的「直接」，也讓我記憶猶新。那個年代的球迷，有時會因為一些爭議判決或場上延燒的戰火，在場邊發生更激情的演出，丟保特瓶、加油棒到場內抗議裁判或宣洩不滿的情況屢見不鮮。我也曾歷經那個時期，甚至被鋁製的啤酒罐砸到過，但記憶最強烈的，還是因為個人表現不好，當場被球迷「訐譙」。

菜鳥年，生涯第三場先發那戰，單場吞下三張老K，引發一位球迷直接在看台上開罵：「花那麼多錢請這個來幹嘛？來這邊被三振？」叫罵中甚至包括「三字經」。那時舊的新莊球場，球員休息區上方的一、三壘側應援區沒有護網，球休前面也沒有欄杆，所以距離很近。他蹲在那裡破口大罵，聲音像是繚繞在耳邊一樣；我只好訕訕地瞥了他一眼，就低著頭走進去。直到現在我還記得這位球迷，但記得他，不是因為討厭他，而是他當時那些言語，成為激勵我奮發向上的動力。還是新人的我，當下對自己立下誓言：「總有一天，一定要讓你看到我的實力在哪裡！」這位球迷現在對我很客氣，至於他還記不記得曾經罵過我的事，就不得而知了。

至於資深球迷口中的「大帥」，他總是裸著上身，大力揮舞著旗子，帶頭吶喊「殺、殺、殺」！大帥偶爾會在關鍵比賽或國際賽時現身球場。二〇〇一年總冠軍賽第四戰在台體旁的台中球場進行，我在比賽中轟出一支三分砲。踏過本壘後，依照慣例會先和列隊在球休前的教練團及隊友擊掌慶賀，但我突然看到一位沒穿上衣的男子，排在隊伍最後方，定睛一瞧——竟然是大帥！我也就順勢跟他 give me five 了。那時一壘側雖然設有護網，但是不高，所以他輕易地翻越進來。後來場邊工作人員連忙要把他架出去，他淡定地說：「不用，我自己爬出去。」語畢便身手矯捷地翻牆回到觀眾席。那一幕直到現在還深深印在我的腦海裡。當年聯盟和球團可能希望球迷能夠回春，多多進場看球，所以沒有做出太多制止動作；如果在大聯盟或其他國家，「大帥」可能當場就被驅離出球場，無法繼續留下來觀戰了。

現在聯盟基於防範和保護球員的立場，對球迷的規範比過去更加嚴格。以前賽前練習完到準備熱身那段時間，球迷才剛剛進場，他們可以直接在護欄旁，和場內的球員近距離互動，把準備好的小禮物或卡片等物品直接遞送給我們。從賽前到賽後，光是飲料就有七、八杯；有些球迷知道我是獅子座，還會送我獅子的玩偶。當時曾有媒體問我喜歡吃什麼，我其實不大挑嘴，就隨口說了巧克力，結果那幾年就有收不完的巧克力。

網路社群尚未盛行時，球迷多半會寫信寄到宿舍，或親自拿到球場給我們，表達對球員的支持或批評指教。有一位球迷每次都會用老式的紅條紋信紙，字跡工整地寫下他的看法再寄給我；我猜他可能打過球或對棒球有所鑽研，有一陣子我處於低潮，他還特地表示他觀察到我的打擊動作有哪些不同，甚至提供我一些建議。不僅如此，他也曾託我轉告其他球員有什麼細節需要改進，或要我鼓勵隊友的士氣……。

其實，第一次感受球迷的鼓勵為我帶來莫大的助益，是在「變電箱事件」之後。在那之前，我原本認為球員只需要在球場上好好打球就好，但斷手導致我在隔年季賽打打停停，完全沒預料球迷還是用選票把我拱上明星賽人氣王寶座。那段帶傷上陣的日子，球迷總是毫不吝嗇、沒有間斷地為我打氣加油。真的很感動，也很感激他們陪我度過那幾年的艱辛歲月，所以後來只要有機會、有時間，我都會停下腳步幫球迷簽名。

球迷送的禮物和信件，我都珍重保存，直到二〇一三年準備搬離兄弟象隊的宿舍，大概已經累積了六、七個大球袋。重新整理時才發現，當年有些信看完後，裡面附的零食忘了拿出來，就這樣放了好幾年，難怪那時宿舍的置物區，常常有蟑螂、甚至老鼠出沒。

二〇一三年適逢「經典賽」，在日本比賽期間，有聽到日本球迷透過翻譯表達：「台灣的球員好棒，都會停下來幫我們簽名。」突然覺得這樣和球迷互動，他們是可以直接感受到選手對他們的感謝。我想起在一些球迷的來信裡，會提到當他們自己遭遇逆境時，如何藉由球員說過的話，激發自己度過難關的勇氣；而這些文字中，總是盈滿了對我們的道謝。也因為這樣，透過球迷和選手間雙向的鼓勵，讓我開始意識到互動的重要性，並且理解為何「盜總」林易增總是很樂意為球迷駐足，對於簽名、拍照都來者不拒。盜總曾說：「你現在不簽，以後就沒有機會可以簽了。」我不知道過幾年之後，球迷還會不會再找我簽名，但是經歷幾次生涯和球隊的低潮，確實能在球迷的應援中，獲得不少勇往直前的力量。

不過，身為職業運動員，正反兩極的評價都會有，尤其是到了網路時代，來自網軍的批評指教更沒少過，但就算對我有負面聲浪，我也不大會去在意了。因為我既不常上網去看這些留言，就算看到了，我覺得那也是球迷發洩的管道之一。當然，面對批判時，自身的想法很重要。要如何運用正向思考，並了解自己真正需要改進和修正的地方，這才是重點，否則很難讓自己有好的心情和表現。

不離不棄　是我兄弟

十九年的職棒生涯，我曾有過兩次行使自由球員的權利，也都向職盟提出申請。過程中，我曾天人交戰於是否應該繼續穿著黃衫在場上奮戰，但最終幾經思量後，我還是選擇留下來。

台灣的自由球員制度，在二〇〇九年做出重大變革，選手年資從二〇〇三年開始計算，資歷滿九年即可申請成為自由球員，因此我在二〇一一年球季結束後，正式符合資格，擁有行使自由球員的權利。當時一方面想證明自己的身價，另一方面也希望爭取到複數年合約，所以我就向職盟提交了書面申請。

當年中職只有旅外歸國的球員，會由經紀公司代為處理合約問題，其他選手幾乎都是自己和球團談薪，所以在我成為自由球員後，興農牛領隊楊仁佑就積極和我接洽。楊領隊那時剛接棒不久，或許是想要提升球隊人氣或戰力，除了願意為我付出高額的轉隊費，也開出非常優渥的條件，甚至還外加一筆簽約金。我和家人都覺得楊領隊非常有誠意，這也讓我陷入長考。

這是我職業生涯第二次面臨抉擇點。在此之前最大的一次課題，就是加盟職棒這件事，那次是爸爸親自和洪瑞河領隊談定薪資合約，也是他幫我做了加盟兄弟象的決定。在我的棒球路上，家人的想法是最重要的，轉隊茲事體大，當然就詢問了父母親和太太的意見。不過，老爸這次沒有再「出手」，因為他覺得我已經長大了。在討論的過程中，爸爸明確表態：「你自己決定，但決定後就不要後悔。」所以我得首度為自己的職涯做出重大抉擇。

那段期間，我也曾經和幾位後援會的資深成員聊過，希望能夠了解他們的想法。畢竟從我還沒有成名，他們就一路陪著我成長；我相這幾位老球迷的心聲，絕對有資格可以代表其他球迷。對我來說，他們的建議同樣重要。

綜合大家的意見後，我開始回顧這些年的職棒生涯，發現自己實在很難跳脫這支效力了十一年的隊伍，所以最後還是放棄轉隊，留下來和隊友們一起打拚，也成為象隊第一個獲得複數年合約的球員。

二〇一六年，我第二度取得自由球員資格，也是首位能夠申請第二次的球員。我決定形式上申請一下、起個帶頭作用，讓大家知道，選手有第二次申請成為自由球員的權益。當時大環境有所改變，國內職棒經紀人制度已經較為球團所接受，我也就首度聘請了經紀人，並委由經紀公司代為談妥新的薪資合約。

不離不棄，是我兄弟！

這句過去在球隊陷入低潮時象迷們力挺的話，曾陪伴著我們這些球員熬過了不少風風雨雨的日子。對我來說，待在這支球隊久了，既習慣也熟悉它的運作方式，一路和很多隊友、球迷一起為它努力過，這些酸甜苦辣的回憶一一浮現，蘊含了濃厚的情感，促使我最終還是決定繼續留在黃衫陣營。

不離不棄，是我兄弟！

兄弟
MIZUNO

職業運動畢竟是很殘酷的舞台，
打得越久，這樣的感觸也就越發深刻。

7th inning

第七章　看盡光榮與遺憾

黃金三劍客

兄弟象的「三劍客」，大約是從二〇〇二年慢慢成形。那年五月八日，教練團第一次把陳致遠、我和「扁仔」蔡豐安，安排在三到五棒中心棒次，後來這個打序漸漸被固定下來，再加上象隊傳統的黃衫被球迷暱稱為「黃金聖衣」，所以我們也就開始有了「黃金三劍客」的稱號，對於球隊的責任感和榮譽心就此點燃。

在此之前，兩聯盟的分裂也是中職票房低迷的因素之一，直到二〇〇二年球迷進場人數總算開始回春，場上的球員個個希望有更多球迷可以關注到自己的表現，所以自我要求特別高。當時我們「三劍客」都覺得要扛起球隊得分重任，三人也有共同的認知：「要是前一棒沒進帳打點，下一個人就要把分數打回來！」

平日訓練時，教練會刻意把我們三個排在一起，或許是因為教練團很看重「三劍客」串連時的攻擊火力吧？像某年在屏東春訓，一整個早上都在進行守備練習，下午則是練打擊；練完後，教練還會安排額外的特打訓練。特打通常都是四個人分兩組，輪流對著投球機不斷地揮棒打擊，教練都會讓我們三人加上許閔嵐或王金勇學長一起練。一個人得在場上連續打擊十分鐘，再換下一個人；每打完一次都會馬上累癱倒地十分鐘，等下一個人打完，再爬起來繼續練習。當時光是一次特打，就得打超過五百顆球以上，「三劍客」特打的次數又比其他人來得多。

我們三人小組在場上對彼此的信任感很高，就連私下的互動和關係也很好。當時曾有媒體問我們：「三人之間會不會互相比較？是否有良性競爭的效果？」我認為在「三劍客」聲勢如日中天的情況下，有時難免還是會出現「比較」的心態，畢竟這是人性的本質。但每當生出那種想法，我就會提醒自己：

人不要「比較」，要「計較」——計較自己有沒有做得更多、訓練得更多、為人要更好。要去計較的是這些，而不是去比較。比較讓世人去比就好了。

我會這麼警惕自己，輕鬆一點去面對其他人幫我們做比較時，心裡偶爾出現的雜音。

球迷的比較，有時候非常直接。像是二〇〇三年開幕戰門票在商品部開賣那天，我們練完球回宿舍，看到很多球迷在宿舍附近的慶城公園排隊。球迷瞧見我們自然的反應就是想要簽名，但我正在簽球的時候，有一群球迷在旁邊小聲問道：「彭政閔是誰啊？」找我簽名的人回答：「他就是兄弟隊的彭政閔。」結果那群球迷當中有人說：「他誰啊？我只認識陳致遠。」這段對話就發生在我面前，我聽到後，轉頭跟那群球迷表示：「沒關係，請你們繼續進場來看球，我會讓你們認識我。」

在「三劍客」成形初期，因為只有致遠打過二〇〇一年世界盃，所以不僅人氣最高，甚至還拍了廣告，連很多不看棒球的民眾都認識他。雖然如此，我並不會去想「為什麼致遠比我紅」？當下的心態既不是想要超越他，更不會覺得自己必須是三人中最棒的那位。準確地說，我心裡的想法其實和小時候相同——只想和別人一樣！除了希望薪水將來能和致遠一樣高，也期勉自己要和他一樣在場上有好表現。

我和致遠以前在國軍隊就一起打球，所以他進兄弟隊後，我們的感情更好，不管是國內或國外的賽事，彼此都會交流一些比賽的過程，或當下打擊的想法。他是大我一屆的學長，在業餘時期，國際賽經驗就很豐富，二〇〇三、〇四年我們同時當選國手，在國外我們兩個都當室友，常常形影不離。二〇〇三年的亞錦賽，是我和致遠第一次看到雪，我們兩個還穿著長大衣，跑到飯店外面買東西，體驗一下雪中漫步的感覺。

我在業餘時期只是很普通的球員，直到變成「黃金三劍客」，才發現原來成為明星球員好像有那麼點兒不一樣。二〇〇四年我接拍了人生第一支廣告，被飲料廠商打扮成「小野人」，之後認識我的人好像變多了。過沒多久，「三劍客」合體拍了一支泡麵廣告，這是我第一次和隊友一起拍片，覺得特別新鮮、有趣。那一陣子我們每個人家裡都囤積好幾箱廠商贈送的泡麵，而廣告曝光後，球迷對我們三個人也更加關注了。

除了拍廣告，也出了寫真書。成為明星球員好像有那麼點兒不一樣了。

「三劍客」風光幾年後，我們接二連三地掛傷，球隊戰績沒有三連霸時期平穩，扁仔也在二〇〇六年離隊。二〇〇三年年底，中職開始實施以職棒培訓代替服兵役的「代訓制度」增廣兵源。球隊過往一年大概只選進一、兩名新秀，代訓制度開展後，一次就可以補進三、五位，加上那段期間，二代象成員陸續退役，讓我慢慢感受到，接下來會有很多戰友一一離開的現實。致遠在後期也因為傷勢影響，出賽數變少，「黃金三劍客」於是就慢慢解體了。

至於我，在二〇〇八年和柴惠敏老師立下「四十歲的約定」時，曾經思考過「打到四十歲的話，那就再拚兩年，讓職棒資歷剛好滿二十年」，所以為自己設定了打滿二十年再退休的目標。但職業運動畢竟是很殘酷的舞台，打得越久，這樣的感觸也就越發深刻。這一路走來，看到太多選手因為戰力的考量或外力因素不得不離開賽場，而我在這幾年，則是身心也有點疲累了，所以才決定在二〇一九年球季結束後，為自己十九年的職棒生涯畫下句點。

二代象三連霸

加入職棒前，從沒想過自己在新人年就有挑戰總冠軍賽的機會，而且最終還能後來居上，和隊友一起慶祝封王。而之後開啟了屬於二代象的王朝，讓我們追隨一代象前輩們的腳步，完成了隊史第二次的三連霸。

第一次封王的瞬間，雀躍的心情難以言喻，自己在那次「獅象總冠軍系列賽」也留下相當不錯的成績。首戰開打前，不少專家預測統一獅隊贏面比較大，畢竟他們是由老將加新秀組成非常穩定的陣容。但我覺得我們並不一定毫無機會，因為在拿到下半季季冠軍、闖進總冠軍賽後，可以感受到團隊瀰漫著「既然來打總冠軍賽，就是要抱回年度總冠軍」的信念！

所以在系列賽中，我們的求勝意志高昂，即使吞下敗仗，甚至在系列賽先讓對手取得三比一的聽牌優勢，大家依舊展現出堅持到底且打死不退的態度。或許當時日籍的榊原教練和投手養父鉄，有把那份不認輸的精神傳遞給我們，尤其是養父鉄在後面幾場比賽的表現，完全激勵了所有人的士氣。

養父鉄當年是陣中的一號王牌先發，首戰就成功封鎖了獅隊的打線，帶領球隊拿下第一勝，但隨後我們吞下三連敗，陷入極為不利的處境。第五戰再度輪到養父鉄披掛上陣，他一夫當關，完投十局，賽後還去針灸了燃燒的手臂。他清楚知道自己是所有投手裡，對獅隊最具壓制力的人，所以自動請纓：只要之後兩戰球隊需要他，可以隨時登板後援。我們都感受到他非常渴望和大家一起封王，所以就算落後也都不想放棄。

追成平手後，兩隊進入決勝第七戰。我在賽前只有一個念頭：「我就是要冠軍，我們到球場就是要拿冠軍！」比賽尾聲，連著兩場後援的養父鉄投出再見三振的那一瞬間，全隊伴隨著吶喊衝出了三壘側休息區。所有人都把壓力釋放出來了，因為我們從來就沒有懷疑過自己辦不到。

第七戰落幕後，場邊還發生了小插曲：台南球場左外野看台有兄弟和統一的球迷大打出手，打到我們在球員休息室裡面整理裝備都知道外面還持續在

二代象於2001年奪下中華職棒12年總冠軍的瞬間。

延燒激情。等大家準備離開球場時，才赫然看見連「象巴」車頭的擋風玻璃都被打裂了！那時洪瑞河領隊打電話給管理「賴桑」賴永輝，認為球迷太激動，而且大巴被砸成那樣，夜間還要開上高速公路太危險，所以叫我們先在新營睡一晚，當天不要回台北。那天晚上，大家幾乎都沒有睡，心情亢奮地聊著比賽的過程，小酌慶祝了一番。

剛進職棒就能奪得總冠軍，真的十分開心，領到冠軍戒的那一刻，我覺得很榮耀也很興奮，因為以前只聽過大聯盟球隊在世界大賽之後會頒發冠軍戒指，第一次知道自己在台灣拿總冠軍也有冠軍戒可戴。後來聽隊友說，有球迷想要收藏二代象三連霸的三枚冠軍戒，一組甚至開價到五十萬元，但對我而言，這組戒指是無價之寶，所以它們迄今還好好地擺在我家的展示櫃裡。

拿到首枚冠軍戒之後，我也進階為職棒二年級生了。那時「三劍客」開始成形，我們三人小組和其他隊友的打擊火力，以及投手群的壓制性，在二〇〇二年都發揮得很平均，因此季賽期間感覺怎麼打都會贏，最後還包辦了上下半季季冠軍。儘管王牌投手養父鐵回日本發展，但回鍋象隊的「黑將軍」風神與新加盟的日籍選手中込伸，讓先發投手的戰力更加升級。

以前就曾耳聞風神的球速超快，後來和他變成隊友，真的覺得他很厲害：只要先發，風神大概都能撐完九局，一場投一百多顆球，第八、第九局還可以飆出一百五十公里的快速球。至於中込伸，則是我在生涯中遇到的首位曾在日職一軍擔任先發王牌的投手；那時日本職棒的資訊比較多，一查就能了解這位選手的實力有多麼堅強。因此，只要這兩位洋將先發，我們打線就很安心更好發揮。

本土投手王勁力先發更沉穩，而在牛棚待命的吳俊億等人表現得都很不錯，尤其是「肉蕭」蕭任汶學長，救援穩定性依舊很高，所以基本上我們一看到肉蕭上場，就知道可以準備擊掌慶祝了。整年打下來，我們投手、打擊和守備的連結性，確實是四隊最好，所以其他隊的同期好友曾跟我說：「看到你們進球場氣勢很旺，一進來就是要贏球的感覺。」

那年總冠軍系列賽對上中信鯨，不過由於碰上釜山亞運，「鯨象大戰」延

二代象於2002年奪下中華職棒13年總冠軍完成二連冠，邁向三連霸之路。

2002年總冠軍系列賽，恰恰在首戰就轟出一發全壘打。

後到十月中旬開戰。我因為季賽打得不錯，入選了中華隊，可惜亞運期間表現不盡理想，情緒有些失落，更擔心回國後馬上要進行的總冠軍賽也會打不好。所幸在系列賽首戰，我就轟出一發全壘打，這支陽春砲也幫助我把亞運的不愉快一掃而空。那年的鯨隊整體打線完整，投手戰力堅強，有宋肇基、高建三、謝承勳和郭李建夫前輩等人坐鎮，但我們的戰力更勝一籌，最終完成橫掃拿下二連冠。

隔年兩聯盟合併，中職從四隊擴增為六隊，每隊洋將的登錄名額也從原本的兩位增加為三名，所以球團找來了橫田久則這位擁有豐富日職資歷的投手。橫田那年的穩定性更優於中込伸，加上開季不久後才被緊急召回的風神，對我們而言，投手戰力又多了一層保障，球員陣容和士氣也延續著前一年的感覺，差異性不大。雖然季初團隊還沒進入狀態，但後勢看漲，順利拿到了下半季季冠軍，也連著三年前進總冠軍賽。這三年下來，在榊原教練的鞭策下，球隊的守備率始終維持高標，不管聯盟是四隊還是六隊，我們都是名列前茅。那年也是我第一次改守外野，所以又多了一項自我挑戰。

倒是興農牛隊，在整體條件提升的情況下，勇奪當年的上半季季冠軍。他們從二〇〇二年由「威總」陳威成領軍開始，球團找來外籍打擊教練泰迪，引進美式球風，感覺牛隊野手們在那一、兩年間吸取、強化了許多打擊技巧和爆發力，進步與成長的速度非常驚人。就連中心打線也像「三劍客」一樣，形成了由黃忠義、張泰山和鄭兆行組成的「三番刀」，而張家浩和曾華偉的九一連線也相當具有攻擊性。在投手方面，除了有「阿甘」蔡仲南、「阿福」陽建福和郭勇志等本土佼佼者，加上外援的三位「勇」字輩洋投——飛勇、勇壯、世介勇，團隊戰力著實不容小覷。

在雙方勢均力敵的情況下，二〇〇三年的牛象總冠軍系列賽，成為這三年中關注度最高的總冠軍對戰組合，並能強烈感受球迷熱切期待三劍客和三番刀的對決。不過，我在那次系列賽的表現並沒有特別突出，但後來有漸入佳境的感覺。這六場比賽中，有四戰票房爆滿，而在天母球場進行的第六戰，由於一萬零五百張門票早已售罄，當時負責象隊票務的「汪sir」汪旭光，還被現場買不到門票的球迷丟雞蛋！我在前一年亞運返國時逃過被蛋洗的命運，沒想到「蛋洗事件」竟然真的會發生在我周遭的人身上。

封王戰打到六局下時，我們追成三平，但後來雙方打線在投手的壓制下都沒能突破，比賽也因此進入延長賽。鏖戰到十局下半，「脫仔」林明憲在二壘，一人出局，但我慘遭三振，隨後換「扁仔」蔡豐安上場。我在休息區根本坐不住，心裡默念著：「扁仔，你一定要把分數打回來，要把我沒打上的打上！」所以當扁仔把球打穿二壘防區，脫仔奔回本壘滑壘得分時，我的心情激動又感動，因為我們追平了一代象三連霸的紀錄！

二代象達成三連霸當晚，一片黃海歡聚慶城街，必須動用警力維持秩序。

賽後從天母回宿舍的路上，象巴後面跟了上百台機車，球迷很像以前的飆車族一樣，一路狂按喇叭，而且到了禁行機車的新生高架橋，他們竟然也全部尾隨象巴騎了上去。這幅誇張的畫面真是嚇壞我了！即將抵達宿舍前，大巴突然在長春路、慶城街口停了下來，我們把車上的窗簾拉開才發現，從那裡到南京東路捷運站口，已經蔓延成一片「黃海」。「老大」王光輝瞧見我們看傻了的模樣，一臉老經驗地說道：「這有什麼？我們那時候是整條南京東路癱瘓耶！你們才慶城街癱瘓而已。」當晚現場大約擠了三、五千人，這些穿著黃色球衣、揮舞著兄弟旗幟和加油棒的球迷，不斷地為我們的勝利歡呼，讓我第一次那麼深刻地領教了象迷

三連霸冠軍戒指，由左至右分別為2002年、2001年、2003年。

的瘋狂。

兩聯盟合併的二〇〇三年，中職票房確實回春，也讓當年更名為「台灣大賽」的總冠軍系列賽那麼轟動。可惜我們在隔年下半季以千分之三的勝率不敵興農，否則說不定能完成史無前例的四連霸。

爭氣的三代象

二〇一〇年，兄弟象拿下隊史第七座總冠軍，也是我職業生涯第四次跟著這支球隊一起封王。黃彩帶從看台拋下的瞬間，雖然沒有三連霸時期那麼激動，但我覺得學弟們非常爭氣，竟能在短短一年內就成功磨合，

2010年總冠軍是恰恰職業生涯第四次跟著兄弟隊一起封王。

甚至奪下年度總冠軍。

前一年，球隊也有打進台灣大賽，可惜最終在七戰四勝制的系列賽中，以三比四輸給統一。沒想到隔天一早，我才在新聞台的報導中，得知又有外力介入職棒的消息，當下實在非常地震驚。直到現在，我都還記得當時電視新聞標題寫著「雪球越滾越大」這幾個字眼。

幾天後，洪瑞河老闆在接受記者採訪時表示「考慮是否要把球隊收掉」。那幾年球隊確實連年虧損，他早已承受不少來自手足間的壓力，尤其是二〇〇六年王建民登上大聯盟後，電視轉播和新聞媒體，對於美國職棒及日本職棒的報導越來越多，球迷的選擇更豐富，這也是導致中職票房

2009年球隊也有打進台灣大賽，可惜最終在七戰四勝制的系列賽中，以3比4輸給統一獅。

學弟們非常爭氣，在短短一年內就成功磨合，奪下中華職棒21年總冠軍。

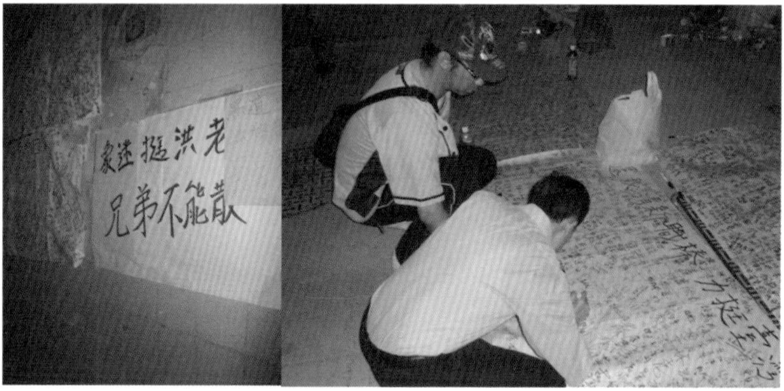

很多球迷徹夜守候在兄弟大飯店的宿舍旁，向領隊及球員打氣。他們寫了很多加油海報，甚至還簽名連署，希望洪老闆能留下球隊。

（簡政光提供）

越來越低迷的原因之一。其實在國內的一些關鍵賽事或國際賽，球迷仍舊願意進場支持，所以洪老闆非常審慎地思考是否真的要收手的問題。

當時很多球迷聽聞消息後，自發性地徹夜守候在兄弟大飯店的宿舍旁，只為了向路過的洪領隊及球員打氣。他們寫了很多加油海報，甚至還簽名連署，希望洪老闆能留下球隊，這也是我第二次看到球迷群聚在慶城街上——第一次是二代象完成三連霸那晚，大家興高采烈地慶祝著，但這次的心情卻有著天壤之別。

我當下最擔心的事，其實和球迷一樣，很怕隔天一覺醒來球隊就沒了，然後陷入沒球可打的窘境，畢竟我們還是需要這個工作舞台來展現自己的才能。萬幸最後洪老闆還是決定保留兄弟象這支隊伍，我也放下了心中的大石。確定還能有球打，理所當然就會期許自己努力表現；我相信當時大部分的球員，都抱持著同樣的想法，希望在場上賣力地施展球技，讓球迷願意再次進場看我們比賽。

那年季初的換血陣痛期，我們還一度被媒體和球迷形容為「雜牌軍」，但一些原本沒有太多機會上場的學弟，卻能夠把握住登場發揮的時刻，讓大家刮目相看，在下半季一舉攻頂闖進台灣大賽。二〇一〇年的總冠軍賽，團隊打著「象心力」的口號，最終如願以償地以四比〇橫掃興農牛。新莊球場的封王戰，滿場一萬兩千五百名球迷在漫天飛舞的黃彩帶下，與我們共同見證了屬於三代象的光輝一刻。這艱辛又不堪回首的一年，仍是讓兄弟們給挺了過來。

人氣王之三代萬人迷

從新人年開始一直到我的引退年，這十九年來，球迷都用選票把我送進明星賽的先發名單，而且自二〇〇五年起，就算我面對傷勢的困擾或低潮，球迷還是很熱情地讓我當選人氣王。這份來自球迷的厚愛，其實連我自己都覺得不可思議。

二〇〇一年明星賽的組隊方式比較特別，由四隊新秀組成的紅隊，對抗老將們聯手的白

新莊球場的封王戰，滿場一萬兩千五百名球迷在漫天飛舞的黃彩帶下，
共同見證了屬於三代象的光輝一刻。

隊。當時我身為職棒新兵，在上半季表現非常不理想，但竟然還被票選為紅隊的先發一壘手，讓我感到很驚訝，很多職棒同期的好友就虧我說：「你在兄弟才有機會打明星賽啦！」

首度入選明星賽，其實沒有太多觸動，畢竟那時只想趕快把自己的成績打出來。只是到了比賽當天，我還是覺得既興奮又緊張，因為從來沒有打過明星賽，也擔心自己仍舊打不好。賽前在紅隊球員休息室遇到很多同學和學長，像是同屆的宋肇基、「弦仔」楊松弦都比我早進職棒，也已經小有名氣，弦仔鼓勵我：「不要想那麼多啦！你在業餘的時候打那麼好，以前學生時代也打得很好，沒問題啦！」一瞬間安定感油然而生。

當天因為下雨，比賽延遲到晚間七點多才開打，但現場三千多位球迷還是熱情地等候。那場明星賽比例行賽的票房還好，對我來說也算是加入職棒以來，遇到比較大型的重要賽事。開戰後，看到以前的同學或業餘時期的伙伴都有很好的演出，不禁想：「我也好想和他們一樣棒。為什麼他們可以，我卻沒辦法做到？他們可以很厲害，我也可以才對呀！」就在放手一搏的心態加持下，那場比賽打出了四支二，比季賽期間的成績好很多，於是我突然覺得自己好像有點不一樣了。明星賽過後，我恢復了打擊自信，隔沒幾天，生涯首轟就出爐了。

後來我慢慢站穩球隊先發第四棒，二〇〇四年還拿到明星賽全壘打大賽的冠軍，隔年則是首度被選為明星賽人氣王。那時因為「老大」王光輝退休不久，我又繼承他兄弟「四番」的棒次，再加上他過去有「萬人迷」的稱號，自此開始有球迷稱呼我為「二代萬人迷」。其實那年我並沒有去在意「人氣王」這個頭銜，關注的重點還是自己場上的表現，只是明星賽後一個月，就發生了「變電箱事件」。手傷導致我在二〇〇六年出賽數銳減，萬萬沒想到球迷依然非常支持我，再度把我拱上人氣王寶座，這對受傷的我來說是莫大的鼓勵。

約莫是到了二〇一三年，我才開始在意人氣王頭銜。說會「在意」，倒也不是因為那個名號，而是快要達陣十年不間斷的關卡，感覺似乎會建立一個驚奇的數據。不過那年最想突破的其實是老大連續十二年在明星賽先發的紀錄，後來在球迷的力挺下，我也連九次得到最多選票；隔年，我又繼續蟬聯人氣王。雖然是球迷給予的榮耀，但連我自己都覺得十連霸實在非常誇張。

最有感的一次則是在二〇一六年。那年我大部分都是上場代打，比較少名列先發，但球迷還是用選票為我打氣，真是令我百感交集。二〇一八年，我原本想在票選前就提出不再參與明星賽的聲明，畢竟在此之前，我已經連著十三年獲選人氣王了。但幾經思考後，我決定還是不要去干擾票選活動，等人氣王公布那天再宣布這個想法。

時序來到今年（二〇一九）年初，我決定打完這個賽季就要引退。過程中不打明星賽，又會覺得有點可惜，因為球迷能看我打球的時光也僅剩最後一年了；如果今年不是告別的年分，

2017
ALL STAR
GAME
HUALIEN
23
BRETT
YY SPORTS

「萬人迷」王光輝退休後，恰恰繼承兄弟「四番」的棒次，自此開始有球迷稱呼恰恰為「二代萬人迷」。

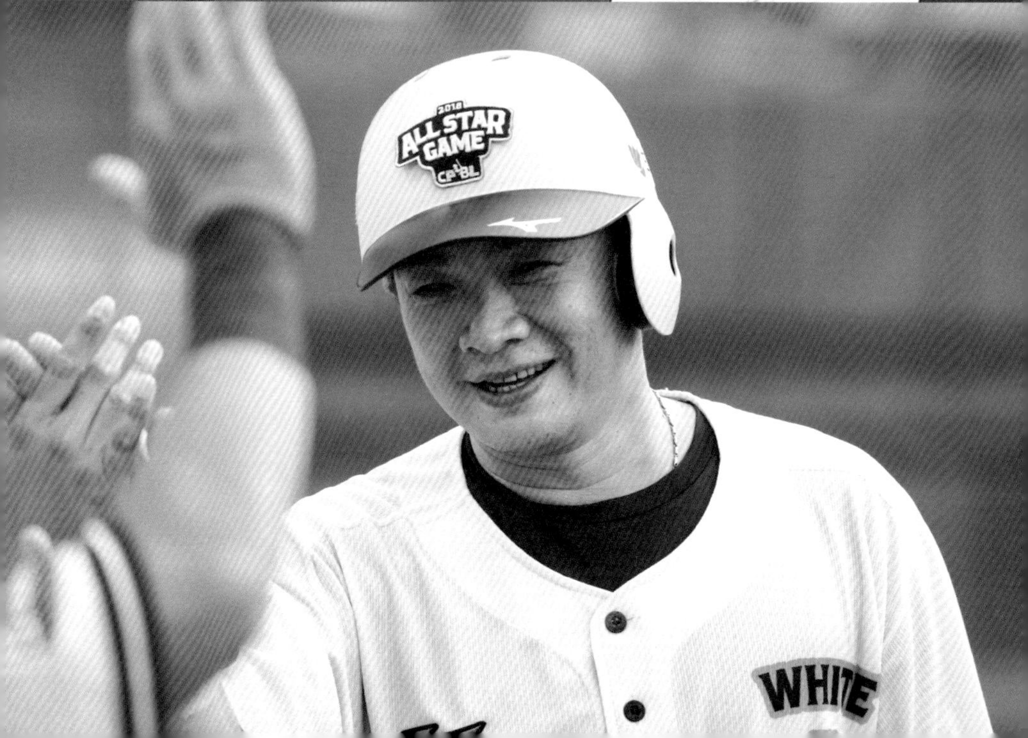

明年還繼續以選手身分在場上奮戰的話，我就真的會退出這屆明星賽。所以雖然對出爾反爾感到抱歉，但相信學弟們會諒解的。

票選活動開始後，感受到球迷仍舊一直希望我繼續參賽，最終也讓我連續十九年在明星賽先發，還用選票幫我一起寫下人氣王十五連霸的紀錄。萬分感激球迷這十九年來對我的肯定，謝謝你們。

2019年中職明星賽，恰恰寫下史無前例的人氣王15連霸紀錄。第二場比賽結束前，球星們與恰恰在場上自拍，留下珍貴的合影。

（王正棠提供）

爸爸是我最資深的球迷，
從我人生第一場比賽看起，一路看了三十幾年，
看得最多、也最了解我。

8th inning

第八章　關於我的傳說

差點變成大頭兵

我相信如果身邊有親朋好友服過兵役，或一群男性友人聚在一起，一定會常常聽他們聊起以前當兵的往事，當然我也不例外。畢竟在調到阿兵哥的棒球體育班「陸光隊」之前，我也曾當了半年的「大頭兵」。

一九九六年我從美和中學畢業後，先出社會工作，進入業餘合庫隊，等著年紀一到就要入伍盡國民應盡的義務。一九九八年一月，我收到了兵單，但那時因為入選中華培訓隊，所以去辦了緩徵，希望中華隊資歷能夠讓自己有更多被調進陸光棒球隊的機會。陸光全隊才四十個名額，每年卻有兩百多人搶破頭想要擠進去，那時沒有嚴格或有系統的選訓方式，只能祈禱可以順利被徵調。只是沒想到我辦了緩徵，卻等到該年十二月七日才能去服役。

剛進新訓中心報到時，不認識任何人，有點怕生也顯得自閉，直到某天晨跑，發現合庫隊好友莊景賀剛好跟我分在同一個軍營裡，但分屬不同營。新兵不能離開自己連上的範圍，所以後來我和他偶爾會隔著一個四百公尺的大操場聊天，或在跑步時哈啦一下。

剛下部隊時，後來所屬的空軍部隊為了備戰一年一度的壘球大賽，所以特別挑選了我跟另一位棒球員曾揚岳來增強戰力，於是我們就一起北上報到。在等待部隊分發單位前，長官先把我們派到公差班幫忙，部隊裡所有大小事我們都要出點力，小至修理電器、馬桶，大至蓋房子，這些都是公差班的工作。記得有一次還跟著進到空軍作戰指揮部，裡面就跟電影裡的場景一樣，牆上有大螢幕，桌上排滿了地圖，當時感覺自己像是進入了電影情節一般。那次就只是進去幫忙搬東西，無法停留太久，但也算是一種另類的體驗吧！

除了公差班，後來又被部隊調到衛兵班。那時站哨時間以小時計算，站二歇四，但我在那個單位待太久被下了最後通牒：如果一直到七月還沒能收到徵調至陸光隊的公文，就得轉調到台北的蟾蜍山。聽說蟾蜍山的單位要三個月才能放一次假，所以我心裡一直祈禱，可以在大限來臨之前趕快收到徵調公文，否則一去當兩年大頭兵，就完全無法打棒球了。

好險六月底公文總算來了，我終於在入伍半年後如願以償！作戰司令部下電話去我們部隊，叫我去陸光報到，我開心到幾乎繞了整個大隊跑一圈。早在三個月前，曾揚岳就已經調去陸光隊了，而我還是遲遲等不到通知，越發覺得心急如焚，因此在接獲得以順利徵調的命令後，整個人才如釋重負。

從下部隊一直到被調去陸光之前，我有空就在部隊裡練揮棒和投球，我的同梯弟兄還有一位運動高手，就是裕隆籃球隊的高鈺堯，他都會陪我一起練習。那時我們兩個還被長官帶去岡山參加了壘球大賽，同隊隊友階級最高的是「三顆泡泡」的上校；長官們知道我這位菜味很重的「ㄧㄎㄧㄠ」二兵是棒球員出身，所以紛紛「不恥下問」，請我教他們接球和打擊的技巧。

老實說，會運動的阿兵哥在我們那個部隊滿吃香的，因為有很多差事和競賽可以「出公差」，我也藉此維持自己的體能狀態。下部隊期間，除了參與壘球賽，還比過籃球和拔河，或許那時軍隊希望以大隊運動的競賽來訓練團隊合作。現在回想起來，覺得自己很幸運，能體驗半年的大頭兵生活，讓我有機會結識一些不同領域的朋友，直到現在我們都還有聯繫。

我被徵調到陸光棒球隊才過了三天，球隊就在七月一日更名為「國軍棒球隊」。我記得當時到球隊報到後，就很努力投入練習，因為想把之前荒廢的訓練都補回來。不管是重訓還是練球，我都特別下功夫，也為十一月在台北市立棒球場開打的「全國甲組成棒秋季聯賽」備戰。

對國軍隊來說，成績和精神都非常重要，所以那時帶我們去參加聯賽的教官，為了激勵大伙兒的士氣，一開始即宣告「打幾壘打就放幾天榮譽假」。結果第一戰對上台電，我打第一棒，首打席就敲出三壘安打，這位網球專長出身的教官見狀，馬上改口說要重新改規則，不然大家可能會有放不完的假。我們在那屆秋季聯賽最終獲得第三名，全隊也放了一個多禮拜的榮譽假。

國軍隊球員在左訓中心服役的日常，就是早上練球，中午吃飯休息，下午有時做重訓或練球，有時叫我們挑選非專長項目去嘗試學習，所以我玩過十公尺跳台跳水和游泳、踢過足球，也和羽球隊打過羽球；中心裡有些合庫隊羽球員，是在我入伍前就已經認識的。有次國軍足球隊在高雄和台電隊比賽，教官請其他項目的選手去幫忙應援，我因而首度當了足球賽的觀眾。當下發現只要球一接近球門，大家就會跟著心跳加速大聲吶喊，令我第一次感受足球為何會讓人瘋狂的魅力，所以後來每四年也會稍微關注世足賽。

而我和隊友最常參與的非專項運動是籃球，所以我們老是和籃球隊混在一塊兒。可惜我剛進國軍隊沒幾天，「黑人」陳建州就退伍了，而總是被我們要求表演灌籃的張憲銘，也在打了一個比賽後收到退伍令。黃欽智、許文雄、莊景賀、鄭昌明、曾揚志還有我，大伙兒平常就很愛打籃球，後來陳致遠進國軍隊後也加入打籃球的行列。我們曾和五、六個籃球隊選手一起組隊，去中山球場和別人「對打」；籃球隊球員會教我們如何跑位，所以當時可說是打遍天下無敵手。

一直到現在，我都很慶幸自己能夠被徵調進國軍隊，不用去當兩年大頭兵。畢竟有些同學業餘時期也有很好的表現，但沒能徵調進體育的兵役單位，運動生涯就此填上了兩年空白，比如像李志傑，還被「流放」到外島去。所以我真的很幸運，能夠在寫了半年的「大頭兵日記」後，順利進入國軍隊天天碰棒球。

內野底的外野手

從小到大，我的守備位置就是內野手，打職棒以前，印象中只「客串」過兩次外野手，沒想到進入兄弟象第三年，我被教練團擺到外野「常駐」。對於多了新任務，當時覺得滿好玩的，而且多學一個守備位置，會讓自己有更多表現機會。

二〇〇〇年「四國五強成棒邀請賽」在台北開打之前，總教練林華韋校長很希望把正在服役的我選進中華隊，因為我在前一年年底的「全國甲組成棒秋季聯賽」，以七成五的打擊率登上打擊獎第一名，另外還獲得打點獎。我在聯賽中打出的紅不讓支數和全壘打獎得主一樣多，但由於那屆賽會每個獎項僅限一位得獎者，所以我的打數較多，沒能並列全壘打獎，否則差點就拿下打擊三冠王。當時中華隊內野戰力充足，林校長就以外野手的身分把我選入培訓隊，比賽時我則擔任DH。有次熱身賽在台南球場對戰統一獅，我被派守左外野，但在此之前我根本沒在外野守備過，而且這場還是我打棒球以來第一次在夜間出賽，結果面對羅敏卿前輩打來的高飛球，我完全沒能判斷到位，雙手舉了萬歲的姿勢，球則從我頭上飛了過去。這是我對第一次守外野的深刻記憶。

我從小就鎮守內野，在國軍隊也都是守一壘或二壘，但即將退伍前，又有了生平第二次去外野守備的機會：那時和隊友一起參與了「第一屆協會盃全國年度大賽」，由於國軍隊外野人手不足，教練就把我移防到右外野。有一戰，高志綱揮出的外野飛球落在我和中外野手陳致遠中間，我跑到位後彎下身來接到球，但致遠也同時朝我的方向飛奔，結果他的膝蓋撞到我的右側肋骨，整個人直接從我頭上飛了過去，我還馬上起身把球回傳。那場比賽後，我們又繼續打了好幾場比賽，直到冠軍賽前一晚，我才覺得肋骨怎麼那麼痛，連揮棒都疼痛不堪，但還是強忍到奪下冠軍後才去醫院檢查。結果，原來是肋骨斷了。

進入職棒之後，自新人年下半季慢慢獲得固定先發機會，但我大都以DH身分上場，不需要守備，直到二〇〇三年，教練團不知怎麼地決定培養我擔任外野手。可能教練們當時覺得我年輕、跑起來有速度，不希望我一直待在DH這個位子；又或許他們認為DH應該讓一些年長的球員擔任，或指派比較累的球員去調整狀態。

教練們也是把我調去外野之後才發現我的臂力不差，因為既然移防到外野，我就更大膽地用力催球；而且我猜因為自己是內野底，手腕的運用比較好，傳球準確度還滿高的。有了新的守備任務後，我在打擊端的表現，比起前一、兩年反而更加穩定。或許就像「老大」王光輝說的，我在扛DH時，無謂的想法會比較多，導致打擊成績較為起伏。

那年三月二十六日，我首度擔任外野手，打序位在先發第五棒。在把我派去駐守外野前，教練團有讓我先練習了一、兩天，不過正式守備那天，我在右外野站滿九局，都沒有生意上門，連一顆球也沒摸到；直到四月十五日，生涯第二次鎮守右外野，那場對上太陽隊的守備機會就爆增了。當時由於經驗不足，對於球的落點還沒有很好的判斷力，其中有一球被打者打過來右外野，我一路狂奔到邊線奮力滑接，結果漏接，導致球隊失分。那位打者是我的同學林義翔，賽後他還特地跑來跟我道謝。首度吞下外野守備失誤，賽後又被「盜總」林易增虧了一頓，但從那天起，我大概在右外野「常駐」了三、四年。

起初教練團為了讓我盡快適應外野守備任務，賽前還會幫我進行三、四十分鐘的特訓，只為了提升我對球的落點判斷和在外野接球的手感。不過，說實在話，外野特訓沒有內野來得苦；內野練習要接上百顆球，接到肌肉鐵掉酸痛不已，比起來，在外野跑個一、二十趟真的還好。當時還年輕，榊原教練又盯得很緊，體能上不會有什麼問題，反倒覺得守外野既新鮮又有趣，還讓自己的守備位置和機會變多。

特訓的方式是榊原教練把球打給球員接，他能夠控制球的落點，讓球落在離我幾步的距離，讓我去跑接；盜總也會在打擊守備綜合練習時，要求我去外野接球，他會直接站在我身後，指導我遇到什麼樣的狀況時該怎麼跑、怎麼接。左、右打打向外野的飛球，球的旋轉在判斷上較為困難；另外，力量型的強打者或拉打型的巧打者，他們所擊出的球，旋轉也大不相同，就算打出一樣的距離，球在飛行時的視覺感仍然非常不一樣。如此這般，教練團讓我透過密集的訓練，擴大我在外野的守備範圍，接球的感覺也就越來越好了。

李居明教練進來球隊後，訓練方式就比較有趣一些。他希望我們能夠在球落地的前一刻，或是落地後馬上接到球，也很喜歡讓我們練習如何沒收全壘打——他會用投的方式把球扔到全壘打牆上方，讓我們去感受追跑跳接的手感。龍潭練習場的全壘打牆防護墊其實滿硬的，撞到會很痛，而且墊子還會被我們撞到鬆脫，所以每次練完球，我們都會跟李教練反應：「能不能換好一點的墊子？不然老是把墊子撞鬆還要重新綁，工作人員會很辛苦耶！」

現在回想，很感謝當時教練團這樣的調度，把我移到外野跑一跑，讓我在那幾年的打擊表現確實十分穩定。不過直到現在我還是不知道，當時到底是哪位教練提議要把我訓練成外野手？因為每次只要我有不錯的發揮，每位教練都會告訴我是他提出的意見。但無論如何，也是在這樣的機緣下，讓我意想不到地在二〇〇三年到二〇〇五年，連續三年「賺到」中華職棒「最佳十人外野手獎」。

投手丘上的對話

棒球雖然是團隊運動，但有時也像是單打賽事，尤其在打者跟投手對決時，場上似乎有兩道光束聚焦在打擊區和投手丘上，彷彿整個棒球場只剩這兩個人要展開決鬥。這場景有點像西部電影裡，兩位牛仔一對一拔槍決一死戰的感覺。

不論是先發或是牛棚投手，比賽時通常就是看到他們靜靜地坐在一旁，站上投手丘後，也總是得一個人獨自面對打者，所以我覺得投手在賽場上是最自閉，也最孤獨的球員。大多數的好投手在場上碰到危機時刻，都會懂得怎麼跟自己對話，透過這樣自我鼓勵的方式，來度過當下的處境。

相信每位跟著戰況心情高低起伏的球迷朋友，都能感受到比賽過程中的高張力，更何況是正在場上作戰的球員。有時在某些關鍵狀態下，現場氣氛也會跟著有點不安或產生壓力，所以在這個時候，我偶爾會走上投手丘，跟自閉又孤獨的投手聊一聊。

我會依據當下的情況來跟投手說說話，有時會希望他們能透過深呼吸，讓自己的節奏放慢下來。有些年輕投手偶爾會在球迷的加油聲中迷失，或因為壓力變得過於緊張，那時我就會去提醒學弟，只要專注捕手給的暗號和位置就好，其餘都是多想的，不要庸人自擾。有些洋將在投不順時，我也會適時上投手丘安撫一下，但他們通常都在抱怨裁判的好球帶。

二〇〇九年球隊有勝利組後援投手三本柱：買嘉瑞、麥特和庫倫，其中洋將麥特就是典型的抱怨組，幾乎我每次上去都在聽他發洩不滿。一開始到投手丘和他聊聊時，我還會用有限的英文叫他緩和一下放輕鬆，把自己的節奏調整好，但有次他上場救援有些狀況，我本來要鼓勵他，結果他一直劈里啪啦地碎碎念。當下也聽不懂他到底在murmur什麼，我就回了他一句：「I don't care!」本來滿是憤怒的他，聽到卻突然噗哧一笑。後來經由「衣sir」衣思訓翻譯溝通，他才了解我的意思是要他把打者解決掉就好，別廢話太多。自此之後，他上來後援若有突發情況，當我走過去他旁邊，他就會對著我說：「I don't care!」

大家都知道有不少洋將很愛學中文，艾迪頓就是其中之一。他在二〇一八年投出中職史上第七場無安打比賽前，九局上半投了個人在那場賽事的第六次保送，那時我上前打氣，也希望讓他有多一點喘息的時間，但覺得他當下有點嚴肅，所以想讓他心情能輕鬆點。在走上投手丘途中，我突然想到他當天在賽前好像跟林書逸學了Belt的中文，所以到他身旁後，我問他：「Belt的中文怎麼說？」只見他一下子愣住，接著笑笑地用國語回我：「皮帶。」之後的比賽，萊福力也會要我上去跟他說些笑話，讓他放鬆。

所以，我覺得真的需要有人去幫助投手排解投手丘上的孤獨與寂寞。適時地到投手丘上和他們對話，多少會讓投手覺得不孤單，也能想起背後還有一群戰友在支持著他們，等著在他們投出每顆球後，幫忙完成接殺或封殺的任務。

別跟洋將當朋友？

大家在工作職場上，都會認識很多同事，其中一些人進而也會變成朋友，而不管是同事或朋友，相處下來通常皆能累積出革命情感。職業運動這個殘酷的環境更是如此，有些人可能只是過客，尤其是在名額有限的情況下，以洋將的立場來說更是現實。

球隊完成第二度三連霸之後，卻接連兩年無法打進總冠軍賽，所以二〇〇五年球季一結束，我就聽說在戰績不佳的情況下，球團會做一些人事調整。隔沒幾天，我突然接到要跟幾位教練、「衣 sir」衣思訓和隊友們聚餐的通知；到了餐廳才聽許閔嵐說，榊原教練、風神還有中込伸被解約，即將要離開球隊，返回他們的國家了，所以大家才想在他們離隊前，請他們吃飯表達謝意。

儘管已經相處好幾年，但餐宴一開始的氛圍，其實有點尷尬；感覺就算用中文，大伙兒也不知道該從何聊起。畢竟這是一場離別宴，道了「再見」後，大家會不會自此再也不見，都很難說，所以氣氛總有些感傷。

我也是第一次碰到這樣的情況。所幸酒過三巡後，大家開始懷念起以前一起經歷辛苦訓練、共同奪下季冠軍和總冠軍的種種歷程，氣氛也就越來越熱絡了。直到時間越來越晚，餐宴即將結束時，榊原教練突然站起身來，透過吳思賢教練翻譯道：「很高興能和大家一起努力打拚，也很榮幸之前曾連續三年和你們一塊兒拿到總冠軍。往後的日子，希望大家要為自己的未來以及支持你們的球迷持續奮戰。棒球之神會看到你們的付出，大家要繼續加油！」所有球員和教練在那一刻都不禁流下了男兒淚，我們抱在一起痛哭、互相鼓勵，那個情景直到現在都還很難忘。

之後衣 sir 告訴我，這就是為什麼他不想跟洋將有太密切的友誼，畢竟相處久了會產生感情，所以要送走他們時不免格外難過。不過我知道衣 sir 偶爾還是會和他們聯絡，但我們其他人基本上就會和這些外籍球員斷了聯繫，因此來台灣的洋將大都成為我生命中的過客。

二〇〇六年季初，由於手掌受傷，開季近兩個月我都無法參賽。某天球隊到外地比賽，我留在台北復健沒有隨隊，而當時球團行政人員短缺，所以我接到管理「楊 sir」楊愛華打來的電話，請我幫忙告知來台測試的古巴籍洋投奧古斯丁要被解約的事，我只好硬著頭皮到他的宿舍，用有限的英文轉達這個壞消息。其實他在開門看到我的當下，神情有點落寞，我猜他可能本來就知道要被解約了。後來他沒多說什麼，很快地把門關上，過了幾天，他就離開了台灣。

之後，我更加了解在這個現實世界裡，會有很多人在我的職棒生涯中來來去去，即使是本國籍球員也是一樣，所以我也就慢慢比較釋懷了。這幾年自己有機會去國外訓練，或是在球隊中和像艾迪頓、萊福力和里迪這些好相處的洋將互動時，我會試著轉換自己的想法，趁機向他們學習語言，不再刻意和洋將們保持距離。

變換簽名為球迷

身為運動員又當過國手，肯定都簽過印有協會標誌的小錦旗或會旗，作為和其他隊伍的賽前交換禮，或給師長們留作紀念。我國、高中出國比賽都會簽名，但那時簽名比較「正楷」一點；真正為了簽名而「練簽名」，則是進入職棒之後才開始。

其實在業餘時期，也曾有一些特別喜歡看業餘比賽的球迷向我要過簽名，但已經忘了當時的簽法，所以算是絕版品了。加盟兄弟象，成績慢慢穩定後，索取簽名球的球迷變多了，也讓我為了簽得好看而特別練習了一番。「彭政閔」三個字，再加上我的背號，簽起來算是滿簡單的，並沒有覺得自己名字的筆劃特別多，因為我都簽簡寫，後來有時也不加背號。不過我想對於球迷而言，我加入職棒後的第一款簽名，一眼就可以認得出是我簽的，而這個簽名版本也從新人年起，一路延用了十二年多，直到二〇一三年才真正地改款。

其實在改款前的兩、三年，我曾一度想要改變簽法，畢竟那時已經在職棒圈打滾了十年左右，覺得不管是球團辦的簽名會，或是平常遇到球迷索取簽名，同樣的款式確

幫小球迷簽名。

恰恰練球時俏皮地戴著曼尼式的假辮子。

實簽得夠多了，而且也有死忠球迷跟我反映，能不能換個簽名方式讓他收藏。我想起早在三劍客時期，就曾聽後援會小編提到他要網拍一台相機，注明買相機附贈我的簽名球，結果買家買了相機卻不想要球，原因竟是：「我們一家四口都有彭政閔的簽名球了！」但那時儘管打算要換簽名版本，我卻始終沒有將想法落實。

直到二〇一三年，義大犀牛力邀大聯盟球星曼尼（Manny Ramirez）加入中華職棒，當時一位效力於義大的學弟告訴我，曼尼有一次不斷地拿球簽名，簽好後就丟進一個球袋裡，大概簽了十幾顆球。學弟好奇問他怎麼每顆球上的簽法都不一樣？曼尼隨即解釋，他生涯中換過無數次簽名款式，主要是為了讓球迷可以收藏到不同時期的簽名球。我聽了這個小故事之後，才知道原來換簽名也是一種讓球迷珍藏的方式。在「曼尼效應」的影響下，我執行了簽名改款的計畫，新版簽名「恰23」，自此正式亮相。

之後又耳聞一些球星和曼尼一樣，三不五時就會變化簽法，於是我思忖著他們的做法，也開始希望自己的簽名對球迷而言，收藏起來是具有價值的。資深球迷搜集到各種不同款式的簽名會感到開心，或許就不再覺得我的簽名一成不變，簽到他們都不想簽了。因此，從那年起，我比較頻繁地變更簽法，而且越換越多種，像是「恰恰」、「恰恰23」等等。

這幾款簽名皆以我的綽號作為發想，因為許多人、包括小朋友平常都只稱呼我「恰恰」，甚至曾有老一輩的球迷叫不出我的全名，當面問：「你是那個恰恰？還是彭彭？」所以那時才想說乾脆簽「恰恰」就好。

二〇一九年開季前，我思考著要再創一個新簽法，當作「引退年限定版」，最終決定配合引退圖騰，改簽「Chia 23」。加上這款簽名後，我整個職棒生涯應該有六、七款不一樣的簽名，待引退年賽季結束後，就要再換新的款式或換回過去曾簽過的版本。目前我還沒有特別的想法，但可以肯定的是「引退年限定版」，和用最久、最原始的「彭政閔#23」，這兩個版本都不會再使用了。就算有「彭政閔」三個字，也絕對不會用之前的方式呈現。

傳說中的獅子會

出生於一九七八年八月六日的我，從小就知道自己是獅子座，但沒有特別去在意星座和個性有什麼關連性，直到開始打職棒之後，某次和同為獅子座的朋友聊起了星座話題，我才覺得自己的個性，完全符合他們口中的獅子性格，這才稍微對星座有了初步的認識。這些「獅兄」在職棒領域各司其事，大家都很想為台灣的棒球盡一份心力，希望透過自己微薄的力量改變環境，讓中華職棒成長茁壯，我也就自然而然地和理想與目標一致、同樣比較直爽開朗的獅子們走得更近了。

在我剛退伍準備進入職棒時，由於正處於兩聯盟分裂，中職為了招兵買馬，特別設置球探組，我也因之被推薦給中職聯盟。參加選秀會前，中職宣推部負責照顧我們這些培訓球員，我也在這時和聯盟工作人員有了進一步的交情；後來加盟兄弟象，宿舍離聯盟辦公室不遠，我偶爾會「回去」串門子。尤其是新人年上半季，因為一直打不出該有的水準，有時跑去找他們聊天、解悶，大哥們還會鼓勵我：「恰恰，要加油，不用緊張啊！」我時常對他們大呼小叫，當然，這不是對前輩們沒禮貌，而是好友之間故意裝模作樣的玩笑；在這樣的笑鬧對談間，心情也跟著輕鬆了起來。

其實我很喜歡和朋友聊天，再加上這些聯盟同仁也都是愛棒球、懂棒球的人，我總是和他們天南地北地抬槓，聊到他們下班了還意猶未盡時，一群人就會「轉戰」辦公室附近的餐廳繼續吃飯聊天。除了我主動拜訪他們，他們三不五時也會在球隊休兵日約我聚餐，讓我的壓力在不知不覺間徹底釋放。

某次在幫其中一位朋友慶生，席間突然有人問起了大家的生日，才發現一桌子裡，獅子座的人就占了大半，是人數最多的族群！包含宣推部的陳俊池、賴世華，還有《職業棒球雜誌》

主編姚瑞宸，以及前一任主編、回歸媒體業工作的藍宗標都是「獅兄」。那晚大家漫談星座的話題，我也首度對於自己獅子座的性格有了進一步的了解。酒足飯飽後，有人忽然提議：「以後我們這些獅子每年八月初，集體開個慶生會同樂一下吧！」

但隨著我的成績慢慢穩定下來，私人時間越來越少，有時放假還得跑活動通告，去聯盟辦公室找「獅兄」哈啦的機會就逐漸減少了。儘管如此，我仍然可以接收到他們的關心，就像偶爾碰到面，他們會說「恰恰，你現在很棒喔！換

2019年度的獅子會。

我們去球場看你」，或在慶生會時為我打氣加油。聽到這些鼓勵的話語，知道他們發自內心為我的表現感到高興，心裡著實覺得溫暖。

此後，幾乎每年八月，「獅兄弟」就會相約去KTV舉辦生日趴，聯絡彼此的感情，我每次也都會邀我弟「捧夠」彭政欣一起去幫大家慶生。聯盟其他的工作人員，像是國際組的王雲慶、攝影莊平……也會來同樂；後來同為獅子座的棒球節目製作人廖以容、體育台記者簡政光，也都加入變成固定咖。屬於獅子座的聚會——「獅子會」——就此形成，而且我還莫名其妙地被封為「會長」。

二〇〇四年八月適逢雅典奧運，所以該年「獅子會」提前到七月底舉行。「獅兄姊」以及聯盟同仁歡唱到一半，臨時插播了生日快樂歌，還端出蛋糕慶祝。接著他們突然拿出一顆簽名大球，說是特地為我準備的生日禮物，上面不僅寫滿了祝福文字，還簽上了每位好友的名字。我看著這些留言，笑得合不攏嘴，感受到一種朋友之間的期待和鼓勵，他們希望我在奧運期間能有好表現為國爭光。收到這份大禮的當下，我既開心又感動，因為平常都是我在幫球迷簽球，很少有機會收到別人送的簽名球，而且還是好大一顆！這顆簽名大球，至今都還被我珍藏在家裡的展示櫃中。

其實在認識他們之前，我很少過生日，畢竟生日是「母難日」，所以我的習慣是在當天和媽媽通個電話，母子倆互相道聲「生日快樂」而已。但自從有了「獅子會」，每年季中竟也開始期待聚會的到來。我偶爾也會帶幾位不是獅子座的隊友共襄盛舉，比如「脫仔」林明憲、「紅龜」陳江和……都來同樂過，脫仔還笑說：「我是獅子會之友。」獅子座的「花花」張正偉以及王則鈞都曾「入會」，而「肉蕭」蕭任汶學長也是八月出生的獅子，離開職棒幾年後也受邀加入「獅子會」的行列。

年輕時，「獅子會」大都約在KTV飆歌、小酌，那時發現喝醉的獅子都非常恐怖瘋狂，世華還曾經「喝嗨」到肚皮被我們其他人用奇異筆簽名，隔天早上仍舊洗也洗不掉，只好帶著「紋身」去上班。或許因為我們這些獅子平常都很ㄍㄧㄥ，生活和工作壓力都太大，才讓「獅子會」成了每年年中時，大家放鬆發洩的重要聚會。每回總是醉醺醺的世華，事後還是會開心

這顆簽名大球被恰恰珍藏在家裡展示櫃中。

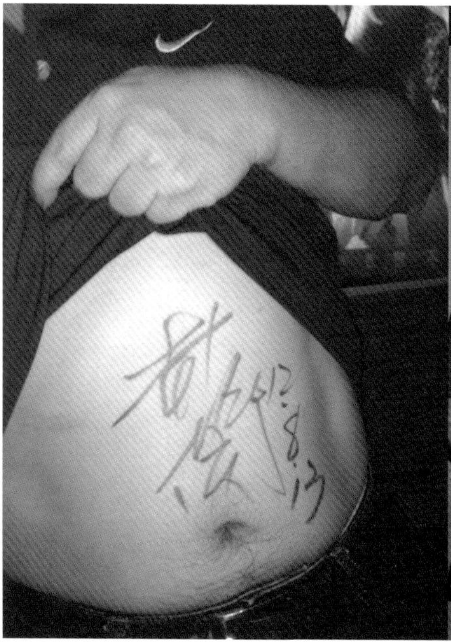

賴世華曾經「喝嗨」到肚皮被大家用奇異筆簽名，恰恰也曾滿臉被塗滿奶油。

隨著年紀增長，「獅子會」也從原本的年少輕狂，漸漸走向沉穩的家庭聚會路線。

地發著牢騷：「你們又害我回家被老婆念了！」我一直很感謝世華和他太太，因為二〇一二年我的龍鳳雙胞胎妞妞和 QQ 出生時，任職於台大兒童醫院的大嫂給予不少照顧。

隨著年紀增長，「獅子會」很多「會員」陸續成家立業，開始有了下一代，我們也從原本的年少輕狂，漸漸走向沉穩的家庭聚會路線，偶爾還變成大型家族聚會，大伙兒會帶著自己的家人一塊兒去郊外踏青或烤肉。但不管聚會形式和工作職務如何改變調整，不變的是大家的情誼，以及這群獅子對於棒球的熱情和理想。就像每年聚會最高潮的時刻，大伙兒總要舉杯高呼：「友誼長青，獅子會萬歲！」

我的心靈導師——恰爸

現在，叫我「恰恰」的人，總是比直接喊「彭政閔」的人來得多；就像大家不太清楚「彭建明」是誰，但只要一聽到「恰爸」，就知道是哪號人物。我爸彭建明是我棒球生涯最重要的推手，若不是有棒球痴、棒球狂老爸對我的栽培，我應該早就被台灣棒球圈三振出局了。

從小到大，爸爸就是我的「心靈導師」兼「專屬教練」，連進入職棒後，他的關心也沒少過，所以我也養成固定在每次出發比賽前以及比完賽後打電話給他的習慣，這十九年來皆不曾變過，偶爾忘了的情況也屈指可數。就算是出國比賽，我也會打國際電話或傳訊息，讓他能夠掌握我的狀況。

儘管他從來沒有打過棒球，可是看過很多比賽，再加上以前私下請來鄭百勝教練指導我打球時，他自己都會興致勃勃地在一旁取經、學習，因此對於該怎麼打球，他自有一番見解。有時出發比賽前，他會在電話中提醒我手腕不要太早轉、腳不要開掉，或在賽後告訴我應該要如何做才對。

畢竟他是我最資深的球迷，從我人生第一場比賽看起，一路看了三十幾年，看得最多、也最了解我，因此打擊動作有異常，他都會馬上察覺，並且第一時間就想要「指導」我。打從我踏上棒球路，他就自己開始擔任起我的教練，不過後來被我發現，老爸在我小時候會假借鄭教練之名，來指點我一些他自認為正確的動作或技巧，因為多年後我和鄭教練聊天時才知道，他壓根兒沒和老爸提過那些。

原以為老爸熱衷棒球運動，是在我加入棒球隊之後才一起培養出的興趣，殊不知他年輕時就已經非常熱愛棒球，而且執著的程度簡直可以用瘋狂來形容！聽說他甚至曾去「追星」。原來有一年他和大伯兩人得知日本讀賣巨人隊來台春訓的消息，就從高雄風塵僕僕地騎著機車到

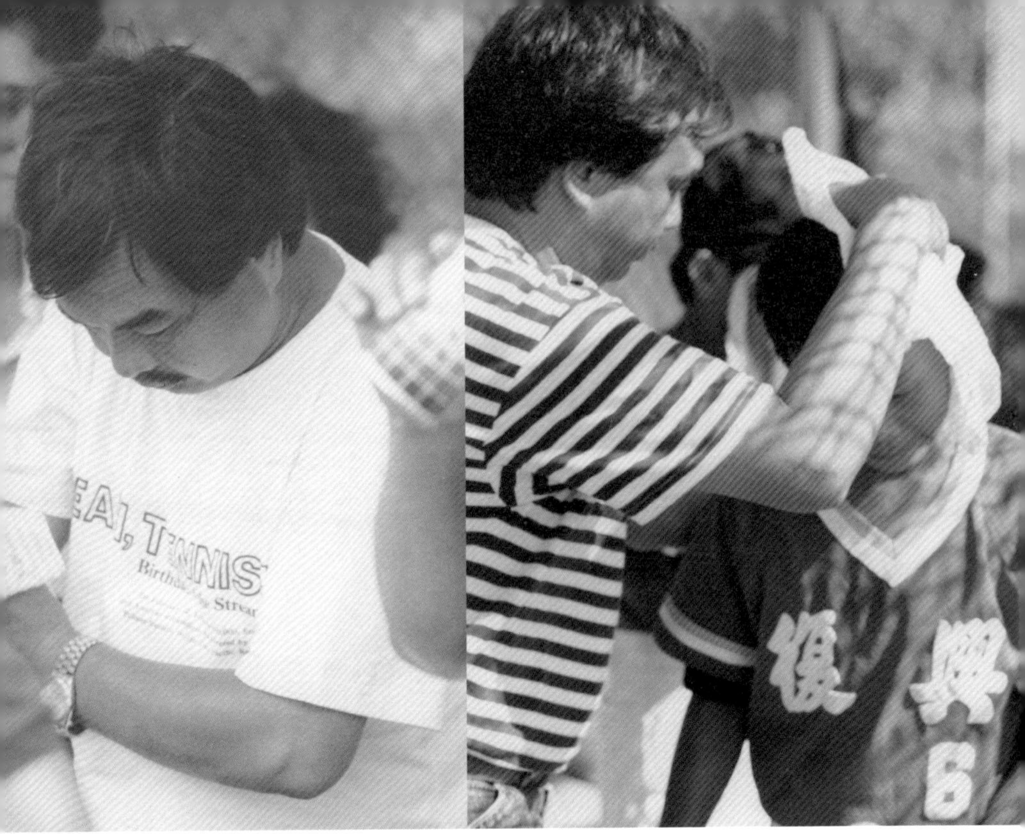

恰爸是恰恰最資深的球迷，從恰恰人生第一場比賽看起，看得最多、也最了解恰恰。

台中棒球場，一睹球星——王貞治先生和長嶋茂雄先生——的手采。光只為了看這兩位練球，就騎了那麼遠的距離，實在不可思議。那時年紀輕輕的老爸沒車開，就為了棒球瘋成這樣，也難怪後來我的每一場比賽，他都不曾缺席。

這三十幾年來，爸爸就這樣陪著我成長，父子之間的話題也大多繞著棒球打轉。等到我長大之後和老爸聊天，提到國、高中那段地獄般的經歷，他才吃驚地說道：「如果你早點跟我講，我就會把你帶回來，不要讓你打棒球了。」因為他不清楚我們得面對那麼多不合理的要求。但人生不如意事十常八九，我的個性比較容易想太多，所以進入職棒後，爸爸也經常藉著聊天來開導我。像是菜鳥時期只能坐板凳，他就勉勵我：「不怕沒機會，只怕沒準備。」後來就算已經站穩先發，我還是會時常提醒自己，必須得先準備好，才能迎接隨之而來的挑戰。

打了幾年職棒後，我對於整個環境制度或球隊待遇，覺得有些無法接受，那時我爸就在聊天的過程中提到：「不能改變的事，就去接受。」後來想想，真的如同老爸所言，沒辦法去改變體制，卻又必須待在這裡的話，能做的就是改變自己的想法。這樣聽起來或許有點消極，但去接受原本不能忍受的事，至少能夠在認清現實的情況之下，讓自己鑽出牛角尖，心境上也就會看開、好過一點。這句話對我來說，在生涯後期也剛好受用。畢竟就像爸爸說的：「一個人一種想法，一百個人一百種想法，為什麼要在意或改變別人的想法？」

老爸也有他自己的想法，所以我不知道他為什麼去球場看比賽，都喜歡固定坐在那個位子，或許是因為本壘後方的座位視野比較好，最上層也省了爬樓梯上上下下的麻煩吧？不過我都會開玩笑地跟他說：「你很愛耍特權耶！」隨後就會換來他一頓碎碎念。

在我打球的這些年，幾乎每天都要被他念，他老是硬要把自己的看法加諸到我身上。這幾

2019年7月7日，恰恰達成生涯2000安，恰爸擁抱道賀。

年我也曾跟老爸「抗議」過，特別是今年都要引退了，所以就「拜託」他：「你可以好好享受我最後一年打球的時光嗎？我也可以享受比賽啊！我都已經四十幾歲了，當然知道自己的動作如何……」但他的回應是：「我也只剩最後一年可以念你。你就忍耐一下，聽我說嘛！」我知道這是他表達關心的方式，也知道他一直期盼能助我一臂之力，所以後來想想，那就讓他盡量講好了。

我爸現在已經收斂很多，沒有每天繼續念一樣的事，他應該也是希望我能夠開心地打球吧。但我相信在引退了之後，未來我們父子之間聊天鬥嘴的話題，還是離不開棒球。

因為，我們心中都有著熱血棒球魂！

我不是棒球天才，但一路走來通過層層關卡，
也證明了自己在球隊中可以變得很有用。

9th inning

後記

政閔自己　證明自己

小時候，也不知道哪來天真的想法，或許是因為「政閔」和「證明」的發音有點像，所以心中一直迴盪著一句話：

我要證明，因為我叫彭政閔！

雖然我不是棒球天才，但一路走來通過層層關卡，也證明了自己在球隊中可以變得很有用。

我是個會設定階段目標，一項一項去達成的人。可能正因為如此，才會在每一段過程中全力以赴，達陣後再去規劃下一個目標。一直以來，我就是像這樣一步一腳印地耕耘，一次又一次地盡己所能去完成自我挑戰：

- 國小剛加入球隊時，我想證明自己可以打棒球。
- 國中時期，我想證明自己可以跟別人跑得一樣快，想證明自己可以參加比賽。
- 高中時期，我想證明自己的實力。
- 業餘時期，受傷復出後，我想證明方水泉教練的介紹，對合庫而言是值得的。

服役時期，差點變成大頭兵，所以調進國軍隊後，我想證明自己是個好打者。

進職棒時期，我想證明自己可以透過打棒球賺錢，讓家人過更好的生活。

進職棒入選中華隊時期，我想證明自己的技術不會比亞洲或世界級的球員差。

變電箱事件後，二〇〇七年，我想證明自己一定可以再創高峰。

二〇〇八年總冠軍賽，跑壘受傷，為何堅持上場？因為我想證明自己受傷還能比賽、有好成績；但自己把棒球想得太簡單了，實際上沒那麼容易。

二〇一三年經典賽，因為年紀較長了，我想證明自己還是最穩定的球員。

二〇一六年球季，因為球隊的戰力和打線提升，上場機會減少，我想證明自己還是具有競爭力，足以成為先發球員。

二〇一七年赴美訓練，我想證明自己雖然年紀漸長，但還是可以透過訓練增強自己。雖然沒有成功，卻讓自己學習到另一種打擊和力量釋放的方式。

二〇一九年一月三十日，我宣布賽季結束後就要退下選手身分。在這個引退年，我想證明自己即使是到四十一歲才引退，還是很有能力的。

2019年7月17日，恰恰在陳子豪的安打護送下，跑回生涯第1076分，一舉突破聯盟紀錄，成為中職得分王。